ついてる仙人が大切にするトレードルール 99 plus 1

実践でつかんだ必勝パターンから格言新解釈まで

ついてる仙人［著］

アールズ出版

はじめに

日本人は格言が好きです。格言を見ると、「なるほど」「そうか」と思います。やる気になります。元気になります。

しかし、その格言を実際の人生に活かすことのできる人は少ないのが実情です。それはなぜなのでしょうか。

格言を読むと、いいことが書いてあると感じます。しかし、それを実行するとなると、行動しなければならないからです。

良いと思い、やる気になっても行動が伴わないのです。

なぜ、行動が伴わないのかというと、結果が見えないからなのですね。人は結果が見えないことに対しては不安を感じ実行することをためらいます。

しかし実行しなければ格言を活かすことはできないのです。

実行しなければ現実化されることはないのです。

たとえば、知らない土地に遊びに行ったとき、目的地がわからずに地元の人に道を聞いたとします。

その道順をどんなに丁寧に詳しく説明してもらっても、教えてもらったとおりに実際に行かなければ目的地にたどり着くことはできません。当たり前の話ですよね。

でもこの当たり前の話が仕事におけるアイデアとか自分の夢に向かった行動になると疎かにされてしまうのです。

理屈ではわかっているのだけれど実行が伴わない人が多いようです。実行というものがいつのまにか自分の中であやふやになってしまっているのです。

株式投資を始めた頃は、

「これで億の金を稼ぐんだ。フェラーリに乗ってブイブイ言わせるぜ！」

なんて言っていたのに、ある程度経験を積んでも利益が上がっていかないと、当初の夢は現実化されずに、

「億の金なんて夢なんだよな。夢は見るものだ。夢はつかめないから夢なんだ」

なんてことを言うようになるのです。

「実行する」

という言葉の中にはとても深く、重要な意味合いが含まれています。

「実行する」は「実際に行く」ということです。「実際に行う」ということです。

このことに気づいた人は何歳になっても自分の夢に向かって実行することができるのです。

実行することで夢を叶えることができるのです。

行動するということが夢を叶える方法なのです。

私たちの生きている地球という星は行動しないと結果が出ない星なのですから。


この本には日本古来の相場格言や、ウォール街の格言、そして私のトレードルールを格言風にして載せています。

この本に書いてあることを実行していただくと今よりも人生が楽しくなり、相場人生が楽しくなると思います。


そして読み終わった時には行動したくてたまらなくなっているはずです。

はじめに行動することは百番目の格言の内容です。

その理由はあなた自身が一番よくわかっていることなのです。

百番目の格言を楽しみにしながら読み進めてくださいね。

読み終わった時に、またお会いしましょう。

第1章

トレーダーとして生きていくための基本ルール

第2章 トレーダーとしての心構えを肝に銘じるルール

第3章 相場とどう向き合うべきか、自分を見失わないためのルール

第4章
相場から退場にならないためのルール

第5章

トレードスキルを磨き続けるためのルール

第6章

実践で積極的に活用したいルール

第1章

トレーダーとして生きていくための基本ルール

一．弘法筆を選ばず、トレーダーはチャートを選ばず！
二．すべての卵は同じバスケットに入れろ！
三．当たり屋についていってはいけない！
四．相場は相場に聞け！
五．本当の「利食い八分！」
六．人の行く裏に道あり花の山、いずれを行くも散らぬ間に行け！
七．覚悟すべき損！　覚悟してはいけない損！
八．腹立ち売り、腹立ち買い、決してすべからず！
九．一括売買、愚の骨頂！
十．相場は幹・枝・葉で考えろ！

十一．簡単な場面だけを利益にしろ！
十二．相場は売り買い両方で成り立つ！
十三．ルール破りは地獄の入り口！
十四．こうならああなる、ああならこうなる！
十五．未来は予測できない。だから先を見越して動け！
十六．トレンドはフレンドであり、レジェンドへの道でもある！
十七．損切りは収益を安定させる！
十八．日本に憲法あり、相場に憲法あり！
十九．相場日誌は命綱！
二十．蕎麦は伸ばすな、利食いは伸ばせ！
二十一．子作りも相場も計画なくして幸せなし！
二十二．気分が悪い時はトレードするな！
二十三．勝者としてトレードに参加しよう！
二十四．自分で自分を管理する！
二十五．相場は商人の心で行うべし！

1. 弘法筆を選ばず、トレーダーはチャートを選ばず！

「弘法筆を選ばず」とは、能書家の弘法大師はどんな筆であっても立派に書くことから、その道の名人や達人と呼ばれるような人は、道具や材料のことをとやかく言わず、見事に使いこなすということ。下手な者が道具や、材料のせいにするのを戒めた言葉でもあります。

トレーダーだって、ある特定のチャートやツールがないとトレードできないとか、トレードしにくいというのでは困りますよね。

この証券会社のチャートがないとトレードできないとか、チャートの見方がわからないとか、このオシレータがないと仕掛けができないとか……。

それでは、投資顧問がいなくなると個別株の売買ができなってしまう人とあまり変わりません。

チャートソフトなどいつサービスが終了するのかわからないのです。ここ5年ほどでもサービスが終了したチャートソフトなどが沢山あります。証券業サービス自体を終了した証券会社も存在しています。

弘法大師と同じようにどんなチャートを見てもトレードできるようにならなければ相場の世界で生き残っていくことはできません。

儲け続けているトレーダーは**どんな環境でも利益を上げ続けることができる**のです。

二・すべての卵は同じバスケットに入れろ！

資金管理の全体的な考え方は、取引口座の証拠金残高・想定される最悪のケース・ドローダウン・売買による証拠金の成長率・リスクの適量化です。

もうひとつ重要なのは、自分の使用している手法のプロフィット・ファクターが1以上でトレードに使う証拠金に十分余裕があることです。

その条件を満たして適切な資金管理と組み合わせることですばらしい成果が期待できます。

ただしファンドマネージャーなど機関投資家が行っているポートフォリオ理論などは、個人にとってメリットよりもデメリットのほうが多いので注意しましょう。

ポートフォリオはリスクを分散するために多くの銘柄に投資する手法です。

「すべての卵を同じバスケットに入れるな」という考えで多くの銘柄を取引するのでしょうが、個人では資金が限られていますので、違うバスケットに入れても資金を殖やすことは難しいのです。

多くの銘柄をバスケットに入れずに、**少ない銘柄を両手で落とさないように大事に運用することを目指すべきだと思います。**

つまり、個人投資家は「すべての卵を同じバスケットに入れろ！」なのです。

三、当たり屋についてはいけない！

「当たり屋につけ、曲がり屋へ向かえ！」という格言があります。

予想がよく当たり、儲かっている人を当たり屋、逆に予想が外れることが多く、損している人を曲がり屋と言います。当たり屋のすることを真似して曲がり屋のすることの逆をすると儲かるという意味です。

ファンドマネージャーを決定する際に最も重視されるのが何かご存知でしょうか？

それは、トラックレコードと呼ばれる過去の運用成績です。過去（通常は5年）に高いリターンを残したファンドマネージャーなら将来も高いリターンが期待できるだろうというものです。

しかし過去のリターンと将来のリターンの相関関係についてはおろかファンドマネージャーの過去と将来の相対的関係について「正」の関係があるという肯定的な結果が出たことはありません。そもそもファンドマネージャーの運用の平均寿命はもっと短いはずです。

オシレータや移動平均も過去に高い利益を出したパラメータも同様に考えがちです。1年間運用成績の良かったパラメータを来年使おうとすると運用成績は落ちていきます。最適化をすると悲惨な結果が待っています。

それにもかかわらず、運用の世界ではそのパラメータが重視され変更されるのは理解しがたいことです。

私が言いたいことは、あまりパラメータをいじくり回すなということです。そして定石、セオリーやそのコンセプトが重視されるべきだということです。

パラメータを変えるよりそのパラメータの特徴やクセを理解するほうが役に立ちます。どんな時に機能して、どんな時は機能しないかなどを発見するほうが有益です。

自分が得意なパラメータを見つけ、当たり屋につくのではなく**自分が当たり屋になればいい**のですね。

四. 相場は相場に聞け!

相場は予想外の動きをすることがあります。

そういう場合には、大半の投資家が知らない材料・情報を相場が織り込んで動いている可能性があります。

相場がなぜ、このような予想外の動きをするのか、相場の動きから判断することも必要ですが、私たちテクニカルを元にトレードをするトレーダーは、相場の動きから判断することも必要なのではなく、**相場の動きだけで判断をする**のです。

私は、テクニカル分析で売買しています。テクニカルで売買している者にとって選挙やその他のニュース等すべての事象はチャートに現れるということです。

選挙の結果を受けて、今の水準で売りたいと思う人が多いと下がり、買いたいと思う人が多いと上がるだけです。

結局は、ニュースで株価が左右されるというよりそれを受けて、人が株価を動かしているということですね。

ニュースの影響を判断しなくても、チャートを見ていればどう評価するのかがわかります。

テクニカルが機能しなくなったら、今は機能していないと知ることで対応できます。

ニュースの反応は市場に聞くのが一番ということですね。

相場のことは相場の動きを見ていればわかるのです。

つまり、相場のことは相場に聞けということです。

五. 本当の「利食い八分！」

「利食い八分！」とは、利食いするときには欲張らず、腹八分目程度で利食うのがよいということです。

「腹八分目に医者いらず」「腹八分に病なし」と言うように、欲張らず、ほどほどのところで我慢するのが健康にも、資産形成の上でも良いということですが……。

しかし、本当にそうなのでしょうか。

利食いをした途端に株価が急上昇したという経験を多くの方がしているでしょう。

利食いした後は少し逆行して、腹八分で良かったと思った途端に再上昇し、利食い価格を大きく超えたという経験もあるでしょう。

早すぎる利食いをして後悔したことのある人がほとんどではないでしょうか。

利食いは八分にするのではなく、十分、いやいや二十分、三十分と伸びる限り伸ばしていくのが良いのです。

儲かるところではとことん利益を上げていくのです。そのためには、分割利食いを利用し、利益を確保した上で、トレイリングストップを使用して利を伸ばすことが大切なのです。トレイリングストップを使い、利食いになった時の天井から逆行した部分、分割利食いをした部分が二分になるので、最後の建玉の利を伸ばせるだけ伸ばすのが本当の腹八分なのですね。

六、人の行く裏に道あり花の山、いずれを行くも散らぬ間に行け！

日本で最も有名な相場格言のひとつです。「人の行く裏に道あり花の山」だけで使われることが多いです。

株式投資でも仕事でも、みんなと同じことをしていたのではなかなか儲からない。他人が気づかないことに気づき、他人がやらないことをやってはじめて大きな成果が生まれるということですが、でもそれだけなのでしょうか。
あなたは次の質問にどのように答えますか?

(A)の質問
(1)100パーセントの確率で7万円貰える。
(2)75パーセントの確率で10万円貰えるが、25パーセントの確率で1円も貰えない。
さて、あなたはどちらを選びますか?

(B)の質問
(1)100パーセントの確率で7万円の損をする。
(2)75パーセントの確率で10万円の損をするが、25パーセントの確率で損をしない。
さて、あなたはどちらを選びますか?

多くの方は、質問(A)では(1)、質問(B)では(2)を選択したはずです。それが普通なのですね。

この質問の行動を1000回繰り返した場合には、質問Aでは（2）を選ぶと利益が多くなります。質問Bでは（1）を選ぶと損失が少なくなります。

このような結果になるのでトレードにおいては**多くの人が選択しない行動をしなければ儲からない**のです。

「人の行く裏に道あり花の山」とはこういう意味でもあるのです。

七、覚悟すべき損！覚悟してはいけない損！

「始めから損は覚悟で相場せよ。思案過ぐれば時期を失う！」という江戸時代の米相場から生まれた相場格言があります。

相場は上がるか下がるかわからないのです。少し値下がりしたところで買ってやろうと思って待っていると押し目待ちに押し目なしで、なかなか下がりません。結局、買えないまま株価がどんどん上がっていくのを、指をくわえてみているだけになります。

多くのトレーダーがこのような体験をしていると思います。このような場合には、損をしたらいけないと考えると買えなくなるので、損をしても構わないから思い切って買ってみようと考える心の余裕があればチャンスを逃すことはないし、万が一損をしても諦めがつくという意味です。

果たして本当にそうなのでしょうか。

相場をするのに損をしてもいいと考えて売買してもいいのでしょうか。

初めから損をする可能性が高いと考えてエントリーしてはいけないのです。

私たち個人トレーダーが相場で生き残っていくためには**可能性の高いほうへ賭けなければならない**のです。

上昇する可能性が50％対50％であればエントリーしてはいけないのです。

上昇する可能性が49％で下落する可能性が51％と考えた場合には、買いを考えてはダメなのです。

上昇する可能性が51％で下落する可能性が49％であればはじめて買いを考えることができるのです。

損しても構わないと考えながらエントリーして、損をしたら「やっぱり損したか」となります。

つまり、最初から損する可能性が高いと考えていたということです。

損をした場合でも可能性の低い動きのほうがきたか、と思う心の余裕が必要なのです。

ハ　腹立ち売り、腹立ち買い、決してすべからず!

腹が立っているときには、相場を行ってはいけないという格言。人間というのは、腹が立っているときには、冷静な判断ができなくなります。だから相場で損をしたくなければ、腹が立っているときには重要な判断や決断をすべきではないという意味です。

相場をやる場合には、腹が立っているときだけではなく体調が悪いときにもやってはいけません。睡眠不足や体調の悪いときはトレードを控えたほうがいいのですね。

体調が悪いと気持ちも沈んでヤル気が出なくなります。また睡眠不足ですとやけにイライラする人も多いようです。

多くの人は朝、家族とケンカしたときや、嫌なニュースを見た後なども気分が落ち着かなかったりします。

このような日は集中力が低下していて**正しい行動ができなくなる可能性が高い**のです。ですからトレードをするべきではありません。注意力が散漫となり余計な売買をしたりロスカットを渋ったりします。

また感情的な苦痛があったりすると注意力が大幅に低下するし、自己嫌悪に陥ったりします。体調が悪かったり感情が高ぶっていたり苦痛があったりすると無意識のうちに今日は勝てなくてもいいや、と思うようになります。

こんな体調の悪い日は負けて当たり前だと考えるようになるのですね。

負けると思って相場に参加する必要はありません。

こんな日は思い切ってお休みして遊びに行っちゃうのがいいでしょう。

相場は毎日ありますが、私たちは毎日参加する必要はないのです。

九、一括売買、愚の骨頂！

一括売買とは複数枚のエントリー・イグジットを一括で行う売買です。これに対して、何回かに分けて返済していく手法を分割売買と呼んでいます。私は一括売買ではなく分割売買を推奨しています。

なぜ分割売買するのでしょうか。

上がると思って買うのに、どうして小さな利益で一部を手仕舞いしてしまうのでしょう。大きな利益で一括返済というのが理想です。しかし現実には無理ですね。いつも買うときは、大きく上がると思って買うわけです。でも買ったあとすぐに反転して、損切りなんてことはよくあることです。

しかし、分割利食いをしているとトータルの損益を引き分けや少しの利益にすることができるのです。大きく動いたときは分割利食いをして**残っている建玉を思いっきり引っ張ることができる**のです。

相場で勝つには「損小利大」です。損はできる限り少なくしないといけませんし、利は伸ばさなければいけません。

1枚の場合エントリーも正解、イグジットも正解でないといけません。たとえば含み損になっていたのが、チャラに戻ってきて手仕舞いしたら急上昇した。含み益だったのが、急落してチャラになった、または損になった。こういうのが多いですね。

裁量の場合、返済は感覚に頼ることも多いので、ちょっとした精神的な不安や体調不良、前回のトレードの結果などに影響されることがあります。

分割売買で最初の利食いができれば、同値で返済になっても最初の分の利益は確保されていますのでとことん引っ張っても怖くありません。

分割売買を行う理由のひとつとして、最後の1枚を引っ張るために分割して返済するということもあります。

エントリー後、動きがおかしいなと思ったら1枚返済してみるなど、機動的にできるのも分割売買の利点です。

十. 相場は幹・枝・葉で考えろ！

チャート分析ができるようになると未来の株価動向がわかるようになると思っている方がいますが、どんなにチャートを勉強しても未来の価格がわかるようにはなりません。

チャートやテクニカルは未来を映す鏡ではないのです。チャート・テクニカルというのは、木に例えると「葉っぱ」です。「枝葉末節」というように**「相場で生計を立てる」なかで最下位に位置するのが「チャート・テクニカル」**だと思います。

では、それよりも上位に位置するのは何なのでしょうか。

○幹…相場は順張りで、利を伸ばす、損切りを確実に行う

○枝…建て玉の仕方・手仕舞いの仕方・ポジションという「やり方」「手法」

そして、

○葉…チャート分析・テクニカル分析

私はこのような関係だと考えています。

「新緑の季節になったなぁ」「キレイな花が咲いたなぁ」

私たちが目にするのは「葉」であり「花」です。

でも、「幹」がシッカリしており、さらに「枝」にも元気があるからこそ、「葉」や「花」がキレイなのです。

相場においても同じです。幹と枝がしっかりしていれば、テクニカルでの「当たり」が30%だったとしても相場で生計を立てることができるのです。

十一．簡単な場面だけを利益にしろ！

儲からないトレーダーというのは買いのみを考えればいいチャートなのに売り仕掛けをするのです。

価格だけを見て、ここまで高くなったらいい加減下がるだろうと思って売るのです。

逆張りが儲かると言いながら上昇トレンドで売るのです。

そして、たまに利益になると「自分の相場観は当たってるんだ」と言います。

「他のトレーダーと逆のことをやって儲けられるんだ」と言い、間違った逆張りばかりを続けるのです。

その先に待っているのはもちろん相場の世界からの退場です。

私たちは人に自慢したり自己満足したりするために相場をしているのではありません。利益を上げるために相場をしているのです。

ですから**儲かる可能性の高い方向に仕掛けをする**のですね。

簡単な場面、得意なチャートになったときだけ売買をすればいいのです。

十二．相場は売り買い両方で成り立つ！

多くの個人投資家が勝てない理由のひとつに買いしかやらない、ということがあります。

チャートをご覧になるとわかりますが、株価は上がったり下がったりするものです。

上昇トレンドのときでもそこから一本調子で上げ続けることはありません。大きく上げて小さく下げる。また大きく上げて小さく下げる。大きく上げて小さく下げる。こんな繰り返しで上昇トレンドを作っていくのです。

下降トレンドのときは逆ですね。大きく下げて小さく上げる。また大きく下げて小さく上げる。大きく下げて小さく上げる。こんな繰り返しで下降トレンドを作っていくのです。

上昇トレンドのときは大きく上げて小さく下げるのですから買いでエントリーをすると大きな利益を得られる可能性が高くなります。売りでエントリーをすると小さな利益しか得ることができないのです。利益になるのならいいのですが、上昇トレンドのときに売ると損失になる可能性が高くなるのです。

下降トレンドのときは売りでエントリーをすると大きな利益を得られる可能性が高くなります。買いでエントリーをすると小さな利益または損失になる可能性が高くなります。

つまり、上昇トレンドでは買いで取引したほうが儲かる、下降トレンドでは売りで取引したほうが儲かる、ということです。

それなのに多くの個人投資家は「信用売りは怖いからやらない」とか「売りは邪道だ」と言

って取引をしません。

株価は上下動を繰り返してトレンドを形成していきます。

ですから**トレンドに合わせて買いと売りの両方で取引する**のが良いのです。

十三．ルール破りは地獄の入り口！

カジノで有名なラスベガスには豪華ホテルが並んでいて、お金のかかっていそうなショーが無料だったりします。

ご存知の方も多いでしょうが、カジノは一定の率が胴元に有利になっています。これがオーナー側の儲けになります。

日本の競馬や、宝くじなんかも同じです。オーナーの収益は、誰が勝ったのかが問題なのではなくカジノの掛け金が大切なのです。多くの人に来ていただくことが儲けにつながります。1人の1回の勝敗なんか全く気にしていませんし、収益に影響を与えません。参加者の

1回の勝敗は、ランダム要素が強いのです。しかし、ランダムなところから収益を得ているのがオーナーなのです。

1回ごとの収益にスポットを当てるのではなく、収益の上がるルールを実行し続けることこそが儲けになっているのですね。相場でもカジノのオーナーのような考え方を取り入れることがランダム要因を含んだ相場で勝つことにつながるのではないでしょうか。

つまり、大切なのは、**決められたルールを守ること**です。ルールが守られていれば、あとは回数をこなすことで利益がつみあがっていくということです。

「ルールを守ること＝勝つこと」になれば、1回の勝敗には一喜一憂しなくなります。損切りになったとしても、青ざめることはありませんね。「損切り＝負け」ではなく、「損切りのルールを守った＝勝つこと」になります。もちろん「利食い＝勝ち」でもありませんし、「ルールを破った利食い＝負け」になります。

ルールを守るということにスポットを当てることによって1回のプレッシャーから解き放たれます。多くの方は、1回の勝敗にこだわっているように思います。

つまり、この考え方ができていけば、勝ち組に入るのは難しくないのです。

十四．こうならああなる、ああならこうなる！

私たちには、未来の株価の動きを知る術はありません。

私たちにできることは、未来の動きを何種類か考え、考えのとおりの動きになったらどうするのかを決めておくことだけです。

そのために私は複数の時間軸のチャートを元にして、シナリオを立て、エントリーをします。

シナリオを立てる際には、

「Aならば、Bにならないといけない。Bにならないならば、Cになる」。

このように考えます。

簡単な例で言うと、

「下降トレンド（A）」ならば、「高値安値を切り下げ（B）」ないといけない。Bにならなければ、「下降トレンドが崩れることになる（C）」
「BでなかったからCになった」
ということを言っているのではなく…
Aという状況があって、Bを想定しているのです。
Bになるかどうかはわからない時点で、Cの動きを考えておくということです。
このように**未来の動きを複数考えながらシナリオを作成**していきます。
これこそが私たち個人投資家が相場の世界で生き残っていく道なのです。

十五．未来は予測できない。だから先を見越して動け！

「先を見越して動け」

私たちには未来の株価を知ることはできません。その中でも利益を出し続けるトレーダーが存在します。

マーケットには、相場に先んじた人間と出遅れた人間の2種類しかいません。発注において後手に回ると、利益が出ていたはずの取引でも損失に終わる場合がほとんどです。

だから転換点の確認を待ち、わずかな利益を確実に取るやり方よりは、間違い（そして小幅の損切）覚悟の上で、トレンドの転換点や利食い目標の達成、トレンドからの逸脱などを見越して行動したほうがよいのです。

いつも出遅れて成功したトレーダーなどいないのです。

利益を出しているトレーダーについて言えることは、今後の株価の動きを見越して**他のトレーダーよりも先に行動を起こしている**ということです。

ただし、彼らが行動を起こすのは利益になる確率が高い場面だということは忘れないでください ね。

十六. トレンドはフレンドであり、レジェンドへの道でもある！

私たちはトレードをする際には、トレンドを判断します。

それはトレンド方向へのトレードをしたほうが利益になる可能性が高いということを知っているからです。

トレンドを判断するためには一定のルールが必要です。

誰がいつ見ても同じ判断ができるルールがあれば確実にトレンドを判断することができます。そして、そのルールによって求めた**トレンドに沿った売買をすれば利益はついてくる**のです。

ルールに従ってトレンドを判断し、ルールどおりの売買を行って大きな利益を得てレジェンドになりましょう。

トレンドはフレンドであり、トレンドと親友と呼べるまでの間柄になればレジェンドになれる可能性もあるのです。
トレンドと仲良く付き合い、レジェンドを目指したいですね。

十七、損切りは収益を安定させる！

多くの相場の本にも「損切りが大切」だと書いてあります。では、そもそもなぜ損切りが必要なのでしょうか。

損切りをすることによって生じる結果は以下の二つですね。

（1）損切りをすることによって、その後の大きな損失を未然に防ぐことができた
（2）損切りをすることによって、その後の利益を取り損ねた

（1）の意味は「損失を小さく抑えた」ということであり、（2）の意味は「利益機会を逃し

た」ということになります。「じゃあ、（1）と（2）を合わせたらトントンだな」ということになるのですが、その均衡点が損益ゼロではなくて若干のマイナスになることが多いのです。

では、得られるかもしれない利益機会を逃してまで、損益を若干のマイナスに固定する理由はなぜでしょう。

それは「収益を安定させるため」です。

相場では連敗するときも連勝するときもあります。

●一週目＋50万、二週目－50万、三週目＋180万、四週目－80万　合計＋100万。

この例では三週目がたまたま儲かったのか、それが実力なのかわかりません。それが実力であったとしたら、なぜ二週目と四週目にはマイナスになったのでしょうか。

●一週目＋10万、二週目＋15万、三週目＋15万、四週目＋20万　合計＋60万

「月に60万の利益です。最初の例よりも利益が少ないですね。利益が少ないのであれば、エントリー枚数を倍にしたらいいのですよね。

二つ目の例では**エントリー枚数を倍にできます**。

しかし、最初の例では枚数を増やせないのです。なぜなら、もし、マイナス・マイナスから始まったら大変なことになるからです。

損切りは収益を安定させるという意味はこのようなことなのです。

十八．日本に憲法あり、相場に憲法あり！

日本には憲法があります。憲法があるからこそ国が機能しているのです。

相場にも憲法に当たるものがあります。それはダウ理論や移動平均線なのです。

相場のセオリーや定石というのは、「原則」になります。

実際にエントリーするのは「法律」であり、それを補完するのが「細則」です。

トレンドフォロアーは、上昇トレンドのときは「押し目買い」をします。下降トレンドのときは「戻り売り」をします。

トレードとはたったこれだけのことでしかありません。

では、どうなれば押し目買いをすればよいのか？　どういうときに買ってはいけないのか？　どういうときに戻り売りをすればよいのか？　を具体的に決めるのが「法律」にあたります。

利食い水準まであと10円に迫ったが株価が反転してしまった。

絶対に決めた利益が出るまで利食いしてはならないのか？

絶対ではない例外を決めておくといった細かな取り決めも必要です。これが「細則」です。

相場の「原則」、「憲法」による成果は最高のものではなく、最低の保障です。

どのような小手先のテクニックを使おうとたいしたトレードはできません。

基本の相場の原則が正しいということを知ってください。

「憲法」や「法律」を理解しないで「細則」を見るということはマンションの設備や内装だけを見るのと同じでその本質を見失うおそれがあります。

憲法を守ると平穏に暮らせるように、相場の憲法を守り、楽しく儲けましょう。

十九 相場日誌は命綱！

トレードをする前に、シナリオやプランを立てることは重要です。売買するときは、シナリオやプラン、相場の定石に従わなければいけません。そうしないと大切な資金を失うことになります。

ただし、シナリオ・プランを立ててトレードすればそれで利益になるというものでもありません。学校の勉強でも予習復習をします。トレードも同じなのです。予習をして、トレードが終わったら復習をするのです。

そうすることによって、自分の技術が向上していくのです。

トレード終了後は、必ず記録をつけてほしいのです。紙ではなく、ブログでもSNSでもOKです。何でもよいので記録をつけるのです。

記録をつけることによって、自分の長所や短所を知ることができ、次のトレードに活かすことができるのです。

トレード終了後、そのトレードについて詳しく記録してください。

いくらで注文したのか？　そのトレードで何を期待したのか？　どうして返済したのか？

そのトレード中何が起きたのか？　どうして勝ったのか？　どうして負けたのか？　などなど
いろいろ記録してください。

分析・記録することにより自分の弱いところ強いところなどがわかります。

また、何カ月も経って読み返すとどういうふうに成長したのかもわかると思います。

トレーダーとしてできることは、**自分をコントロールすること**のみです。

相場日誌はトレーダーの命綱なのです。

二十．蕎麦は伸ばすな、利食いは伸ばせ！

ロスカットはできるが、利食いが難しいと考えるトレーダーが多くいます。

エントリー時にロスカット価格を決めて、実際ロスカット価格に到達したときはしょうがないと納得して損切りできるのに、一旦含み益になったのがなくなるのは耐え切れないということですね。

私は、分割売買をすることによって、利食いを伸ばすことをお伝えしています。物を買うときは、受け取るときに支払うのが普通です。宝くじや馬券も同じですね。10万円賭けるときは、結果が出る前に10万円必要です。そして、当たりの場合は配当金があり、外れの場合はなにもなし。

ロスカットしないのは負けているのに支払わないことと同じです。往生際が悪いですね（笑）。

エントリー時にロスカット額を受け入れる。これを意識するだけでロスカットが実行できるようになります。

一方、利食いはどこまで利益が伸びるかはわからないので引っ張ることができないのです。分割利食いをして利益を確保しておけば残りの建玉はとことん引っ張ることができるのですね。

日経225先物などは大引けでその日の高値安値をつけることもよくありますので引っ張

れるときは引っ張るほうがいいのです。

また、トレイリングストップを利用すれば途中で反転しても対応できます。

たとえば、含み益の段階で利益額を計算すると小さな利益を確保しようとしてしまいます。

チャート判断ではなく、儲けの額を気にして返済してしまうのですね。

十分割などしていれば、今いくら儲かっているのかなどは面倒な計算になるので気にしなくなります。そういう意味でもいいですね。

蕎麦は伸ばすとまずくなりますが、利食いは伸ばせば伸ばすほど美味しくなるのです。

二十一・子作りも相場も計画なくして幸せなし！

子作りも相場も計画して行わないと大変なことになります。

今の時代、自分の収入を考え子供を持つか持たないかの選択をする夫婦が増えているそうです。

避妊もせずに、むやみやたらに夜の生活を楽しんでいると自分の収入では養えない人数の子供に恵まれるかもしれません。

特に若い男性は自分の意思とは裏腹に女性の中で発射してしまうものです。

トレードも計画を立てて行わないと大変なことになります。どんな大変なことになるのかというと、自分の全財産をなくしてしまうということになるのです。財産がなくなるだけならまだマシなのかもしれません。

中にはトレードをする資金をサラ金から借りて、膨大な借金で首が回らなくなり、人生を棒に振る人もいます。

トレードを行うときにはプランを立て、そのプランのとおりにトレードをしましょう。

プランを持つことは、なぜトレードするのかを考えたことを意味し、**そのトレードは十分に根拠があるということ**です。

トレードの根拠を考えないでプランなど作れないからです。

売買してから様子見するなどは、博打と同じで運任せということになります。

相場が上昇するのか、下落するのかを確実に知っているのは神様だけです。私たちはセオリーや確率を判断することでトレードしましょう。

トレードプランやシナリオを持つことで思惑とは反対の方向に動いたときはどうすべきかをあらかじめ決めておくと、固まってしまってパニックになるようなことはありません。

セオリーや確率を判断してトレードプランを立てると上手くいかないときより上手くいく回数のほうがはるかに多くなるはずです。

子作りも相場も計画的に楽しみましょうね。

二十二、気分が悪い時はトレードするな！

すぐれない気分は、トレードの柔軟性を引き下げ、環境の微妙な変化を鈍感にさせ、解釈や反応の仕方を歪めてしまいます。

正しいトレードをした後に喜んだり、まずいトレードをしたときに悔しがったりする感情はいいのです。

ホームランと呼べる利益を得て飛び上がって喜んでも全く問題はありません。

気をつけなければならないのは気分と感情の違いです。

明白な違いは、気分は感情よりはるかに長い期間だということです。感情は、数分あるいは数秒しか続きません。しかし、気分は丸一日、ときには二日にわたって続くことがあります。

気分というのは、長続きする微妙な感情に似ています。

たとえば「イライラした気分」であれば、わずらわしい気分が長く続き、何かきっかけがあればすぐに怒り出したりします。「憂鬱な気分」ならどこかもの悲しく、きっかけさえあれば深い悲しみに沈み込みます。

気分は特定の感情を喚起しやすく、苛立っているときは、普段怒らないような些細なことにも怒りを覚えたりします。また怒ると苛立っていないときよりそれが強く感じられます。そして、長続きするのです。

逆に、強い感情が気分を作るということもあります。

誰かが苛立っている気分というのがわかるのは、感情の印しが見えるからで気分は顔にも声にも現れません。

感情は、私たちの人生になくてはならないもので、感情を取り除きたいなどと思っていませんが、気分の悪いときにはトレードをしても**利益になる可能性が低くなる**のです。良いトレードをしたいのであれば、平常心でトレードしましょう。

そして夫婦、恋人、友人と仲良くして楽しく過ごしましょう。

二十三、勝者としてトレードに参加しよう！

株式投資は素人では勝てません。確実に勉強が必要なのです。しかし、多くの人はろくな勉強もしないで相場に参加します。そして手持ちの資金をすっからかんにして相場の世界から退場していきます。

大した勉強もしていないのに自分の大切なお金を使って売買するのは自分の欲望に勝てないからです。儲かるかもしれないという欲望がうずまき、勝てるだろうという憶測の元に売買を開始してしまうのです。そしてトレードの勉強には授業料が必要だから最初のうちは負けるのも仕方ないことだ、と言います。

本当に仕方のないことなのでしょうか？

「初めのうちは相場に授業料を払うことは仕方がない」と考えているということは、負けるのが当たり前だと考えているということです。負けることがわかっているのにどうして大切なお金を使って売買をするのでしょう？

実際に自分のお金を使って売買をするのであれば、損するということがわかっているのに売買をしてはダメなのです。

損するなどと絶対に考えてはいけません。

初めから損するのは当たり前だと考えて相場に参加していると、いつまで経っても勝者にはなれません。

損するのが当たり前だ、損しても構わないと考えるようになるのです。

しっかりと勉強をして勝てる技術を身につけてから実際のお金を使って売買を始めるのです。

そうすれば初めから勝者としての態度で相場に参加することができます。

「絶対に儲けられるんだ」という自信を持って相場に参加できるのです。

初めから勝者としてトレードに参加するのです。

二十四．自分で自分を管理する！

相場に参加するということは、自分で自分を管理する必要があります。

日経225先物をエントリーする際にロスカットの値幅を決めておいてｍｉｎｉでエントリーをするのとラージでエントリーした場合とではどちらがロスカットしやすいでしょうか。

ＦＸの場合であれば1000通貨単位でエントリーするのと10000通貨単位でエントリーするのとではどちらがロスカットしやすいでしょうか。

ｍｉｎｉや、1000通貨単位のほうがロスカットしやすいと答えた人がいたとしたら、相場の世界から退場になる可能性が高いと言えます。

損失の額が10倍も違うのだから小さい損失のほうが受け入れやすいという感覚になるのですね。

逆にラージ、10000通貨単位のほうがロスカットしやすいと答えた人も、相場の世界から退場になる確率が高くなります。この答えはどちらも同じでなければいけないのです。なぜなら最初にロスカットの値幅を決めているのですからminiであろうとラージであろうと、1000通貨であろうと10000通貨であろうとロスカット価格にかかったら必ずロスカットしなければならないのです。

ラージにするかminiにするか1000通貨にするか10000通貨にするかはロスカット価格とは関係ないのです。

私たちは自分で自分の資金のリスク管理をすることができるのです。

言い方を変えると**自分でしかリスク管理はできない**のです。

相場の世界は非常に自由な世界です。自分自身で考え行動することができます。誰の制約を受けることもありません。

ですから自分で自分を管理する必要があるのです。

二十五．相場は商人の心で行うべし！

相場というのはギャンブルでしょうか。私は相場というのは仕事だと考えています。**仕事ですから儲けるのが当たり前**です。

私にとって仕事とは商いなのです。ですから私は商人です。商人の気持ちで仕事（相場）をしているのです。

では商人は誰のために仕事をしているのでしょう？　働くのは自分のため。もっとお金持ちになって楽な生活をしたい、という人もいるかもしれません。

しかし、人というのは、自分のためには、そんなにがんばることができないのですね。大切な人が病気になったときに、御百度参をする人がいますがこれだって自分のためにはできないのだけれど大切な家族のためにならがんばれるのですね。母親は大切な我が子を育てるためであればどんなに辛いことでも耐えることができます。また人は褒められるとがんばることができます。

「あなたはすごいね。本当に相場に向いているよ」なんて言われるとその気になって何時間でもチャート分析をしたりしちゃうのですよね。「すごいね」「ありがとう」という言葉をもらえるとそれはがんばるエネルギーになるのです。

この言葉をもらうともっともっと人を喜ばせたいと思うようになり一生懸命に勉強をしてみんなに役立つことを考えるようになります。

ブログのコメントで「役に立つブログです。ありがとうございます」なんて書かれた日にはもっともっと役立つ記事にしようと思っちゃうのですよ。

これは私だけが特別にそう感じるわけではありません。人はみんな、人のためにがんばることの楽しさを知っているのです。だから自分のためにがんばれないことでも、子供のため、親のため、家族のためと思ったらがんばれちゃうのですよね。

相場で儲けたお金で家族に楽をしてもらいたい。家族を幸せにしたいと思うと相場がより楽しくなってきます。自然とがんばることができるようになっちゃいます。

大切な人のために相場を楽しみましょう。

第2章

トレーダーとしての心構えを肝に銘じるルール

二十六．魚をもらうな、釣り方を覚えろ！

二十七．この道不案内の人は、迂闊にこの商いをすべからず！

二十八．懐に金を絶やさぬ覚悟せよ、金は米釣る餌と知るべし！

二十九．人の商い真似するべからず！

三十．安全第一では利殖家になれない！
三十一．百戦百勝は、善の善なるものにあらず！
三十二．1回の勝ちは関係ない、1回の負けも関係ない！
三十三．石の上にも三年！
三十四．石橋は叩いて渡れ、相場は叩きながら渡れ！
三十五．勝つは天国、負けるは地獄！
三十六．己の過ち認める者に福が来る！
三十七．手法は常に変化する！
三十八．相場は女が勝ち、男が負ける！
三十九．人の思惑が株価を動かす！

二十六、魚をもらうな、釣り方を覚えろ！

早く仕事を覚えるには、人から教えてもらうことが一番の近道です。上手い人の真似をするのが近道です。

トレードにおいても同じことが言えます。いくら利益の上がるシステムがあったとしても、そのシステムが未来永劫利益を出し続けることはありません。

飢えた人に魚を与えれば、一日の飢えから救うことができます。魚を与える代わりに、魚の釣り方を教えれば、一生の飢えから救うことができます。

弁護士や医者になろうとする人は、教育の重要性をとても理解しています。

しかし、不思議なことにトレーディングに関しては教育が必要ないと考えている人が多いのです。

魚の釣り方も知らないでプロのトレーダーに挑んでも雑魚すら釣ることはできません。大切な資金である餌だけを取られて退場することになるのです。

相場で生き残る確率、勝者の割合を考えれば教育は必ず必要だということがわかります。

それなのに、ほとんどの人が何の教育も訓練もせずに相場に参加しては敗れて去っていくのです。

トレード技術を習得せずに急いで大金を儲けようとすれば自滅してしまいます。

トレード技術を習得すればお金は後からついてくるのです。

相場における魚の釣り方をしっかりと勉強しましょう。

二十七. この道不案内の人は、迂闊にこの商いをすべからず！

相場の道は難しいので、相場のことをよく知らない人は、迂闊に手を出すべきではないという戒めの言葉。

相場に限らず、どんな商売でも言えることです。

自分がなんらかの商売をするためにお店を持ったとします。なんの勉強もせずにいきなりお店を持って、たった6カ月で生活できるようになりますか？　すぐに潰れてしまいますよね。商売をしようと思ったらまずはその商売について勉強をします。

「石の上にも三年」と言いますが、最低でも3年は学ぶのではないでしょうか。

3年勉強をしてお店を開いても、そのうちの80％のお店は3年以内になくなります。一生懸命貯めたお金で始めたお店なのに80％のお店がなくなってしまうのです。残るのは借金です。これが現実なのです。しっかりと勉強をしてきたつもりでも、店を始めた途端に勉強をやめてしまうのです。忙しさを理由に勉強をしなくなります。

自分で事業をしていても1年の間に本を1冊も読まない事業主がたくさんいます。それで店をうまくいかせ、利益を出そうだなんて考えることがとんでもないことです。

トレーダーの世界も同じです。

数冊の本を読んで勉強をしただけで相場だけで生活できるようになるはずがないのです。

私だって専業トレーダーとして自立できるようになるまでには長い年月がかかっています。

真剣に勉強をして、**自分の手法を身につけたトレーダーだけが生き残っていける世界**なのです。

相場も他の商売も本気で勉強をし続ける人だけが、将来も利益を得ることができるのです。

二十八. 懐に金を絶やさぬ覚悟せよ、金は米釣る餌と知るべし!

「三猿金泉秘録《さんえんきんせんひろく》」に出てくる言葉。常に余裕を持っておけ。お金は相場で儲ける餌であると心得よ、という格言。

相場ではいつチャンスがやってくるかわかりません。儲けるチャンスを活かすためには常に余裕資金を準備しておく必要があるということです。

そのチャンスがやってきても、持ち金すべてを使って売買をしてはいけないのです。もっと大きなチャンスがやってくるかもしれないからです。

このような意味ですが、それと同時にお金がなければ小さなトレードすらできないという意味でもあると考えます。

相場に参加したての初心者は、株価の動きを見ていると簡単に儲けられるような感覚に陥ります。

しかし、実際に自分でトレードをすると儲けるどころか、資金が減っていくことを実感するのです。

自分に相場技術がないのにトレードを行うと、利益を得るための餌である資金がなくなってしまうのです。

まさに**魚に餌だけを取られてしまう状態**になるのですね。釣りを楽しむことはできるが、目的である魚を釣ることはできずに家に帰ることになるのです。

魚釣りでは魚が釣れなくても、帰りに魚屋で魚を買って帰ればごまかすことはできますが、相場では魚を買って帰ることはできません。

できることといえば、サラ金からお金を借りて、儲かったように見せることだけです。しかし、その顚末は簡単に想像することができるでしょう。

懐に金を絶やさぬ覚悟をする前に、相場の原理原則をしっかりと身につけることが大切なのです。

二十九．人の商い真似するべからず！

他の人が相場で成功したのを見て、羨ましく思い、相場に手を出すと失敗することになります。チャートをよく見ず、羨ましいと思う気持ちだけでその人の真似をするためです。

友人や知人が相場で資産を何倍にも増やしたという話を聞くと羨ましくなり、ここで相場に参加しないと資産を殖やすチャンスを失ってしまうと焦り、ろくに考えもせずに真似をして相場に参加し失敗するのです。

本で儲かっている人を見つけ、その人のブログで買いエントリーのチャンスなどと書いてあると自分の考えもなしに買ってしまう場合も同じです。

ブログを書いている人は自分の手法を確立しているので相場が動いたら自分で行うことを初めから決めています。利食い位置も損切り位置もしっかりと決めてからエントリーしているのです。

しかし、人の真似をしてエントリーしている人は利食い価格も損切り価格も決めずにエントリーをしています。そのために相場が自分の建玉と逆の動きになっても損切りすることができず、建玉を持ち続けてしまい、損失を大きくしてしまいます。

儲かる人はしっかりと損切りをし、次のエントリーで利益を得ることができますが、人の真似をしてエントリーする人は**次のエントリーチャンスが来ることはなく損失だけが増えていく**のです。

三十. 安全第一では利殖家になれない!

1920年~30年に活躍した米国の経済評論家、ハーバート・カッソンの言葉。

株式投資や不動産投資など、大きな利益を得られる可能性のある投資が利殖のためには欠かせません。

「虎穴に入らずんば虎子を得ず」という格言もあるように、資産を大きく殖やすためにはある程度リスクを取らなければならないということです。

ですが、このリスクを勘違いしているトレーダーが多いのです。

投資で利益を得るためのリスクとは、無謀な行動ではないのです。

株価が上がる可能性と下がる可能性を考え、上がる可能性が50%よりも高いのであれば買う。仮に上がる可能性が70%だと考えたときには30%の下がる可能性があるのです。

その30%の可能性がリスクなのですね。

この**30%のリスクを受け入れなければ利益にはならない**のです。30%のリスクがある投資を繰り返し行っていけば利益が増えることになるのです。

この30%のリスクを取ることが利殖家への近道なのです。

三十一・百戦百勝は、善の善なるものにあらず！

「孫子の兵法」に出てくる言葉。

戦えば、たとえ勝っても相手を傷つける。また自分も傷つく可能性が高い。最も良い方法は「戦わずして勝つ」ことであり、百回戦って百回とも勝ってもそれは最善の策ではない、ということですが、相場の世界ではエントリーしなければ勝ちはないのです。

しかし、常に戦ってばかりいては必ず失敗して損をするのです。本当に大きく儲かる相場は年に2回～3回あるかどうかです。だから、ちまちまと稼ぐことは避けたほうがいい、という意味です。

相場では百戦百勝はあり得ません。

もし百戦百勝している人がいるとすればその人は**近い将来必ず破産するトレーダー**です。もしくは大きく損をしているはずです。百戦百勝なのに損をしているのです。

それはなぜかというと、含み損の出ている建玉は損切りせずに保有し続け、小さな利益が乗っている建玉だけを利食いしているのです。

ですから小さな利食いが百勝あり、負けてはいないが大きな含み損になっている玉が多数、手の中に残っている状態でいるのです。

含み損を確定させるとトータルでは大きな損失になってしまうのです。

相場に百戦百勝はありません。

しっかりと負けを認めることのできるトレーダーだけが利益を積み上げることができるのです。

三十二、1回の勝ちは関係ない、1回の負けも関係ない！

相場で勝つということは損失額よりも利益額のほうが大きい状態であればいいのですね。これは当たり前の話です。

トレードというのは1回の勝ちも意味がありませんし、1回の負けも意味がありません。何回もトレードして、損失より利益が多ければ勝ちなのです。

野球で3割バッターは、10回のうち3回しかヒットを打ちません。7回失敗してもいいのですね。シーズンが終わって3割あれば一流でしょう。

トレードも同じです。100%勝つ必要はありませんし、100%は無理です。**勝率3割**

でも利益が損失よりも多くなればいいのです。

1回の負けはなんら悔しがる必要はないのですね。熱くなる必要もありません。損切りができないということは、勝率100%を目指していると言われてもおかしくないのです。

そして、損切りできない人に限って、聖杯を求めます。皮肉なもので、勝つために聖杯を求めているのに聖杯は存在しないと認識して損切りできるようになると、勝てるようになるのですね。

テクニカルの勉強だけでなく、心理、心構えも徐々に身につけていきましょう。1回の勝ち負けはトレードで利益を上げ続けるためには関係ないのです。

三十三. 石の上にも三年!

冷たい石でも三年間座り続ければ温まることから転じて、何事にも忍耐強さが大切だということ。「三年」は三年ちょうどという意味ではなく、多くの月日を表しています。

相場で儲けるために、本やブログを見て真剣に半年間勉強をしたとします。

では、この半年を終えた時点で利益を出せるトレーダーになっているでしょうか？

相場だけで生活をしていけるトレーダーになっているでしょうか？

答えはたぶん「ノー」でしょう。

今まで本気で勉強をしてこなかったのにたった6カ月の勉強をしただけで生活していけるだけの利益を上げられるようになるなんて有り得ません。

この世界はそんなに甘いものではないのです。

この世界と書きましたがどの世界でも一緒ではないでしょうか？

自営業として独立する場合でも、その仕事について本気で勉強をして研究をしてようやく独立します。

独立にかかる年月は半年やそこらではないはずです。

「石の上にも三年」と言いますが、最低でも三年は学ぶのではないでしょうか。

三年間本気で勉強をしてようやく自分の店を構えられます。

相場も同じように多くの期間、本気で勉強をしたトレーダーだけが生き残っていくことができるのです。

三十四．石橋は叩いて渡れ、相場は叩きながら渡れ！

エントリーには慎重に、念には念を入れて行動を起こすのがよいという人がいます。

私たちは、子供のころから安全に、確認して、みんなと同じようにするように教えられてきました。一見当然で利己的な考えに思えます。確認をして安全を確かめてから行動をするので危険から逃れることができるのですね。

しかし、相場に関しては、現在の状況をあれこれ調べ、安全が確認されてからエントリーしても、すでに大きく動いた後で高値摑みになることがほとんどです。

上昇すると思って、それを確認するために十分な証拠を入手してからエントリーすると、**もうすでに勝負は終わっている**ということがほとんどです。

普段の生活においては石橋を叩いて渡るように、安全に確実に行動するのがリスクから逃れる方法なのですが、相場においては石橋を叩きながら安全を確認して渡らなければ利益を得ることはできません。

石橋を叩きながら渡り、石橋の途中で石橋が崩れそうな兆候が起きたときには、すぐに元の場所に逃げるか、走って橋を渡りきらなければならないのです。

時には、怪我をすることを覚悟して川に飛び込んで命を守るということも必要なのです。

相場において、命を守るとは、資金をすべてなくさないようにするということです。

三十五. 勝つは天国、負けるは地獄!

相場というものは、ランダム(不確定)の要因を含んでいます。さまざまな分析をし、同じ局面だと思っても全く同じではないということを心の奥から認識しておかなければいけません。

前回と全く同じ状況を考えてみると、その時、同じ参加者で、同じ考えをし、同じ数量で、同じ価格でエントリーする。

同じチャートとなると前日も関係してきますし、これはあり得ないというのはすぐ理解できるでしょう。

チャート分析や、経験則に基づく、可能性の高い事象を見つけてきて確率的にそうなる可能性が高いとわかったとしても前回と同じではないということに変わりはありません。

相場で毎回勝てるような指標などを探し出すと、勝てないサイクルにはまります。

毎回勝てるような指標を追い求めている人は、何度か反対の動きをすると、指標やチャートのせいにしてもっと機能する指標やチャートはないのか、パラメータはないのかと探し始めます。

なんとかして、機能する指標を探したとしても、また考慮に入れていない事象やランダム要因によって裏切られます。

そしてまた機能する指標やチャートを探す旅に出ます。

こんなことを書くと勝てる指標というのは幻かとか思われるかもしれませんね（笑）。

我々が目指しているのは、勝つことです。相場で利益を上げることです。でも、「勝つこと＝毎回勝つ」ではありません。「負けること＝毎回負けること」でもありません。

「勝つこと＝一定期間で利益が上回る」ということです。負けても問題ありません。毎回勝つことは嬉しいでしょうが、1回の結果ごとに喜んでも意味がありません。

相場で勝つというのは年間を通じて損益がプラスになることだと理解することができれば素直に負けトレードを認めることができ、年間を通じたトレードの損益は確実に上がってくるでしょう。

三十六. 己の過ち認める者に福が来る！

トレードをしていて後悔することはありませんか。多くの方がトレードに関して後悔を味わっていると思います。

後悔というものは楽しいものではありません。でもトレードにはつきものなのかもしれませんね。

自分の判断が間違っていて損失を被るということは相場においては当たり前のように起こります。

この時に「負け」を客観的に受け入れられない人は後悔することになります。

正しい売買をしているのに損失を出したことに納得ができずに後悔するのです。

しっかりと勉強をしてきて手法が固まっているトレーダーであれば損失による感情的な影響を最小限に留めることができます。

トレーダーに「過去の投資判断を思い起こし、早く利食いしたことと早く損切りしなかったことのどちらをより強く後悔していますか」という質問をしたところ、早く損切りしなかったことを後悔している投資家は59%でした。

早く利食いをしたことを後悔している投資家は41%でした。どちらも後悔している投資家がいるのですが、早く損切りしなかったことを後悔する投資家のほうが多かったのです。

自分の過ちを認めたほうが損失を少なく抑えることができると同時に自分自身の後悔も少なくなるのです。

自分の過ちを認めることができるトレーダーだけに利益を与えてくれる福の神がやってくるのです。

三十七．手法は常に変化する！

ゴルフでも野球でも「このオフにフォームを改造している」とよく聞きますよね。

プロは現在の欠点を直して、よりよいショット・打撃・投球をするためにフォームを改造するのです。

しかし、それが成功するとは限りません。

古い例では、ゴルファーの中島常幸は「世界一美しい」といわれていたフォームを改造してボロボロになりました。

逆に、イチローは「振り子打法」をやめてさらなる進化を遂げました。

相場においても同じです。常に同じ対応で利益を得ることはできません。その時の値幅・

値動きに合った対応をしなければならないのです。フォームを変化させなければならないのです。

相場に合わせてエントリー方法を変えたり、利食い幅を変えたり、玉操作の方法を変えたり、ロスカットの幅を変えたりするのです。

基本はトレンドに沿った売買をすることであり、トレンドのある相場で「大きく儲けて小さく損切りをする」ということです。

この基本を変えることなくフォームだけを変えるのです。

早い時期にフォームのチェックをして練習を繰り返すのです。

乱れたフォームのままトレンドのある相場に対応すると、**損失が膨らむだけではなくて売買自体がボロボロ**になります。

手法は相場に合わせて常に変化しなければならないのです。

三十八. 相場は女が勝ち、男が負ける!

今まで多くのトレーダーとお会いしました。

そこで感じたことは女性のほうが相場においての上達が早いということです。

「性別によって上達具合に違いはあるのでしょうか。」

女性に見られる傾向は「愚直」であり「素直」であるということです。

女性がより上達するのは「愚直」であり、「素直」だからではないでしょうか。

相場日誌をつけなければ上達が遅くなりますと伝えた場合、男性は「そんなものつけなくたって上達するよ」と考え実行しない人がかなりの数に上ります。

しかし、女性はほとんど全員が相場日誌をつけるのです。

そして、「しっかり相場日誌をつけたおかげで損失が少なくなり利益が増えてきています」と報告していただけるのも女性なのです。

男というのは「効率」を求めるのです。

「時間と手間を省いていかに最短距離で上達するか」ということを考えてしまうのです。

そのために、効率を求めて面倒だと感じることは実行しないのです。

相場で儲けられるようになるためには**「愚直」であり「素直」なほうがいい**のです。

これは他の仕事においても同じなのかもしれませんね。

三十九．人の思惑が株価を動かす！

私は、テクニカル分析で売買しています。

テクニカルで売買しているものにとって選挙やその他のニュース等すべての事象はチャートに現れるということです。

たとえば選挙の結果を受けて、今の水準で売りたいと思う人が多いと下がり、買いたいと思う人が増えると上がる。

結局は、ニュースで株価が左右されるというよりそれを受けた人々が株価を動かしているということですね。

ニュースの影響を判断しなくても、**チャートを見ていればどう評価するのかがわかります。**

こう書くとブログなどにも、

「ニュースには、テクニカル分析は無力」

と書いているじゃないかと質問が来ると思いますが、無力になる状態というのは、ニュースを受けて、価格が動き、その動きによってテクニカルが機能しないような動きになるということです。

ニュースへの反応が行動となり価格を動かすという部分は変わりません。

テクニカルが機能しなくなったら、今は機能していないと思えばいいだけなのです。

株価はニュースによって動くのではなく、人の思惑によって動くのです。

第3章

相場とどう向き合うべきか自分を見失わないためのルール

四十．勝ちに乗るべからざるの事！
四十一．高きをばせかず急がず待つが仁、向かうは勇、利乗せは知の徳！
四十二．日計り商いに利あり！
四十三．人の商いを羨むべからず！
四十四．無駄遣いする金あれば相場せよ、長者になれる真の近道！
四十五．上手はあれど名人なし！
四十六．これを知る者はこれを好む者に如かず！
これを好む者はこれを楽しむ者に如かず！
四十七．投資の腕を磨く最良の方法は、
基本を身につけ実際に投資することだ！
四十八．五割達人・三割玄人！

四十九．一万時間が成功への分岐点！
五十．休むも相場！
五十一．下手な鉄砲、数撃っても外れる！
五十二．トレーダーに未来予知能力はない！
五十三．最初の損は最良の損！
五十四．不確定な事象から安定的な収益を得る！
五十五．相場の利益はシナリオありき！
五十六．損をしろ！　損を受け入れろ！
五十七．相場は守りで攻める！
五十八．相場は　出る・引く・待つ！
五十九．相場の天井、有頂天！
六十．嫌いな物でも、見方を変えると好きになる！
六十一．恋愛は惚れるが勝ち、相場は惚れたら負け！
六十二．子供の時の凄かったことも大人になると忘れる！
六十三．相場は自由だ！
六十四．嫌いな奴には淡々と接しろ！

四十. 勝ちに乗るべからざるの事!

不利運とは、思惑違いのことで早速手仕舞って四、五十日休むべし。

勝に乗るとは、上手くいって儲かったことでここでも四、五十日休むべし。

本間宗久は、なぜ負けても休め、勝っても休めと言ったのでしょう？

トレーディングする人は、なぜ休めないのか。これがわかればある程度、相場の真髄をつかめるかもしれません。

また本間宗久は、「その気の強弱を離れ、日々通い高下を油断なく学ぶべきなり」と説明を加えています。

休むということは、ただ「ぼーっと」して休むというわけではなさそうです。

「強弱を離れ」は、上昇する・下落するなど自分の思惑へのこだわりから離れるということでしょう。

要するに、**第三者的立場になって、客観的にチャートを見られる時間帯を持て**ということではないでしょうか。

（注・本間宗久　ほんまそうきゅう、享保九年1724年―享和三年1803年　出羽国、現在の山形県酒田市の生まれ。ローソク足を考案したという説もある）

四十一・高きをばせかず急がず待つが仁、向かうは勇、利乗せは知の徳！

相場で大切なことは、仁（待つ）・勇（向かう）・知（利乗せ）です。

「売買を、せかず急がず待つが仁、徳の来るまで待つのも仁」。

はやる気持ちを抑え、時期到来のチャンスを待つということでしょう。

「休むとは、ただの休みと思うなよ、次の仕掛けの元となるなり」。

売りと買いのどちらかしかないと思うのは誤りで、休むことも大切な要素であるということです。損得に関係なく、**ひとつの売買が終わったら一歩退いて余裕を持つ**ぐらいでちょうどいいという意味でしょう。

私たち張り子には「見《けん》」の自由があります。張らずにいても証券会社から嫌味を言われたりしないのですね。

こういう「張らない勇気」ということも考えてみてください。

ほとんどの人は、待つこと（休む）ができないのではないでしょうか。

デイトレードでもチャンスをじっと待つ。

相場で安定的に利益を上げている人は、「売るべし・買うべし・休むべし」をきっちり実行している人なのです。

四十二、日計り商いに利あり！

日計り商いとはデイトレードのことです。

「日計り商いするべからず！」という格言があります。「デイトレードで大成功を収めたトレーダーもいるが、それは例外中の例外で、デイトレーダーの大半は損している」「デイトレードは労多くして儲けは少ない」という戒めの格言ですが、本当にデイトレードはダメなのでしょうか。

デイトレーダーの大半が損をしているというのは事実でしょう。しかし、損をしているのはデイトレーダーだけではありません。

中期投資をしているトレーダーも長期投資をしているトレーダーも大半は損をしているのです。デイトレーダーだけが損をするのではありません。

本気で投資の勉強をしないトレーダーが損をするのです。

そして国内外問わず、本気で投資の勉強をしないトレーダーが大半を占めるのです。

一年先の株価と明日の株価のどちらが予想しやすいでしょうか。

投資にかぎらず、一年先のことより明日のことのほうが予想しやすいでしょう。

ですから**デイトレードが儲からないということはない**のです。

しっかりと勉強をして相場の原理原則に則り売買を行えばデイトレードでも多くの利益をあげることが可能なのです。

四十三．人の商いを羨むべからず！

多くの本やブログでは投資で大成功を収めたという記事が載っています。羨ましく思い、自分も株式投資やFXを始めようと考えます。しかし、多くの人は何の勉強もせずに投資を始めます。当然、儲からずに損失が膨らむのです。

投資にしろ、商売にしろ、基本が大切なのです。

伝説のチェスプレーヤーである「ボビー・フィッシャー」は次のように言っています。

「最初のレッスンはチェスの**定石本に載っているすべての定石を覚える**ことだ。次のレッスンは**それをもう一度やってみる**ことだね」。

基本を覚えるということはとても重要なことです。基本を楽しく学んでいけばその先に待っているものは楽しい勉強であり、すばらしい結果です。

あせる必要はありません。しっかりと基本を身につけてください。

資金がなくなり勉強の途中で相場の世界から退場してしまうことになれば、相場に対して嫌な思い出だけが残り人生を過ごすことになります。

こんなに素晴らしい相場の世界を嫌いになってほしくないのです。

しっかりと基本を身につけ儲かるトレーダーになり楽しい人生を過ごしましょう。

四十四. 無駄遣いする金あれば相場せよ、長者になれる真の近道!

無駄なことにお金を使うくらいなら、そのお金で相場に投資してみろ。それが金持ちになれる本当の近道である、という日本古来の格言。

酒や女、博打に金をつぎ込んで、財産をすっかりなくした道楽者の悲劇は昔から後を絶ちません。

博打などで無駄遣いするくらいなら相場に金を使ってみろ。いくら酒や女、博打に金をつぎ込んでも金持ちにはなれないが、相場に注ぎ込めば長者になれる可能性があるということ。

相場というと、そんなギャンブルみたいなことに手を出すな！　と多くの人が言います。

しかし、この格言からもわかるように、**相場というのは博打ではなく長者になれる可能性を秘めた投資**なのです。

ただし、最初から博打だという認識で相場に向かうと相場は博打になってしまいます。

相場を職業だと考え、しっかりと勉強をし、準備をしてから打ち込めば多くのお金を運んでくれる打ち出の小槌に変わるのです。

四十五．上手はあれど名人なし！

日本の相場格言。どの道でも上手な人はたくさんいるが、名人と言われるほど飛び抜けた人はあまりいない。それほどずば抜けた存在になることは難しい、という意味です。

相場の世界でも、知識が豊富でテクニックのある人はたくさんいますが、相場名人、達人と呼ぶにふさわしい人というのはほとんどいません。

私たちは、相場名人、達人を目指して相場を行っているのでしょうか。

きっと違いますよね。

相場で飯が食いたい、相場で儲けたいという理由で相場を行っているはずです。

そのためには相場名人になる必要も達人になる必要もありません。**名人・達人でなくとも、相場で飯は食っていける**のです。

相場で一般のサラリーマン以上の収入を得ることができるのです。

そのためには、相場の原理原則を知り、自分のルールを作り、そのルールを守り続けることです。

四十六．これを知る者はこれを好む者に如かず！これを好む者はこれを楽しむ者に如かず！

「論語」に出てくる孔子の言葉。学問をして多くの事を知っている者も、知ることを好むものにはかなわない。知ることを好む者も、知ることを楽しむ者にはかなわない、という意味。

相場でも、相場の知識を持っているだけではダメで、その知識を深めることが好きで、さらに知識を深めた上で相場を楽しむことができれば最高ですよね。

相場を楽しむことができなければ相場で儲けることは難しいでしょう。逆に、相場を本気で楽しむことができるトレーダーは相場で儲けることができるということです。

相場も人生も楽しいからこそ、やる気になるのです。

楽しいからこそ、もっと楽しくしたくなるのです。

楽しみながら生き、楽しみながら相場に向かい合えばストレスというものとは縁遠くなります。

相場も人生も楽しくいきたい（生きたい）ものですね。

四十七、投資の腕を磨く最良の方法は、基本を身につけ実際に投資することだ！

「習うより慣れろ」という格言があります。

投資は自分で実際にやってみないことには上達しません。初めは誰かに教えてもらったり、本を読んだりして、ある程度の知識は必要ですが、頭の中で考えているだけでは上達することはできないのです。

実際に自分でやってみて失敗を繰り返し、その反省の上、やり方を変えて徐々に上達していくものであるということです。

ですが、本当にそれでいいのでしょうか？

本を読んだり、誰かに教えてもらったりして実際に投資をして利益を得ているトレーダーはどの程度いるのでしょう。

教えてもらったり、本を読んだりして、儲かるつもりになって自分の資金をすべて注ぎ込み結局は資金を使い果たし、退場していくトレーダーが後を絶たないのです。

その理由は、慣れる前に大きな資金を使ってトレードするからです。失敗や成功を繰り返しながら慣れていかなければならないのに、**慣れる前に資金をなくしてしまう**のです。

人に教えてもらったり、本を読んだりして利益になる可能性が高いと感じたら、まず仮想売買から始めるべきです。

そして、仮想売買で利益を得ることができたのなら自分の資金で投資を始めるのです。

その場合でも最低限の資金を使って始めることです。小さな資金で儲かるようになれば徐々に資金を増やしていけばいいだけです。

焦ることはありません。

相場は明日も明後日も来年も再来年も待っていてくれるのですから。

四十八．五割達人・三割玄人！

1日の値幅のうち、どのくらいの利益を得ることができるのでしょうか。

株価1000円の銘柄があり、1日の値幅が100円だったとすると、買いでも売りでも100円の利益を得ることはできません。

なぜなら底で買って天井で売ることは不可能だからです。上下10円ずつ余裕を見て80円の利益を得ることは可能であるように感じますね。しかし、実際には80円の利益を得ることはほとんどのトレーダーには不可能でしょう。

日経225先物の場合、1日の値幅が300円あったとすると、300円の利益を得ることはできません。200円の利益を得ることも難しいかもしれませんね。

FXの場合でも同様です。1日に100p・ipsの値幅があったとしても80p・ipsの利益を得ることはほとんど不可能でしょう。

1回のトレードで得られる利益というのは**値幅から見るとほんの一部**なのですね。

1日の動きが200円だったとして、半分の100円取れれば名人・達人です。約三割の60円取れれば玄人です。

60円の利益を得ることができれば「めでたしめでたし」で大成功といったところなのです。

ですから「五割達人・三割玄人」なのですね。

四十九、一万時間が成功への分岐点！

一万時間の法則というものがあります。

マルコム・グラッドウェルという人の調査によると伝説的なプログラマーのビル・ジョイのような人や、ビル・ゲイツや、ビートルズのようなバンドの成功も、「一万時間の努力」と、いくつかのタイミングが支配しているのだそうです。

たとえば、音楽学校でバイオリンを学んでいる生徒を次のグループに分けました。

●ソリストになりそうな人のグループ
●プロオーケストラでやっていけそうな人のグループ
●音楽の先生になりそうな人のグループ

バイオリンを始めた年齢は関係なく練習量でグループ分けできたそうです。

ソリストになりそうな人は10000時間、プロのオーケストラでやっていけそうな人は、8000時間、音楽の先生になりそうな人は、4000時間の練習をしていたという結果が出ました。

そして彼の調査によると「練習をせずに天才的才能を発揮する人」も、「いくら練習をしても上達しない人」も見られなかったのだということです。

有望なバイオリニストが一番大切にしているのは、「自己練習」で普通の学生が一日平均1・3時間の練習に対し有望といわれる学生は、3・5時間も練習をしていたということです。

私たちは、能力・才能を過大評価しがちなのです。

プロと呼ばれる人たちは、努力の量がハンパではないという一点だけが、他の人たちと違っていただけなのです。相場の世界も全く同じです。

みなさん毎日練習しましょう。そして相場のプロになりましょう。

五十・休むも相場！

相場は、仕掛けを多くすればするほど儲かるものではありません。相場の動きがわからないときはいかに手を出さずにいられるかなのです。

ディーラーやファンドマネージャーなどは、何もしていないと仕事をしていないように言われます。サラリーマンも一緒で、何もしていないと仕事をしていないように感じたり、損をしたように感じたりします。

しかし、私たち**個人トレーダーには何もしない時間も必要**なのです。トレードするときは、サラリーマン的な気質を捨て「出る引くの自由」を使い分けし「待つこと」も覚えましょう。

ジョージ・ソロスがモルガン・スタンレーの友人バイロン・ウィーンに次のように言っています。

「君の問題は、毎日仕事に行って何かをしなければいけないと思っていることだよ。私は、そうじゃない。私は仕事場に行っても意味があるときしか仕事をしない。意味があるときには徹底的に働くんだ。でも君は、毎日何かをやっているので特別な日があってもそれに気づかないんだ」。

バークシャー・ハサウェイ社の株主へ向けてバフェットは、次のように言っています。

「株式については、何カ月も大した投資をしていません。いつまで待ち続けるかというと、いつまでも待ちます。時間制限などありません。

（中略）なにか納得のいくものが見つかったなら、とても素早くとても大きく動きます。何かやったことで給料がもらえるわけではありません。正しかったときにだけ報酬をもらえるのです」。

休むも相場ですよ。

五十一・下手な鉄砲、数撃っても外れる！

相場の世界では数撃ちゃ当たるは論外です。

無駄撃ちというのは、損益がマイナスだから無駄なエントリーという意味ではありません。

相場での無駄撃ちとは、

●思いつきでエントリーしてしまった。
●自分のエントリーの条件に達していないのに、待ちきれずにエントリーしてしまった。
●値動きを見ていたら、勢いがあるのでエントリーしてしまった。
●負けを取り返そうとして無理やりドテンした。ナンピンした。

このように、**前もって考えていなかったエントリー**ということを指しています。

技術も習得していない下手な状態でエントリーしてもそれは無駄撃ちです。利益につながる可能性は非常に低いのです。また、資金を失う可能性は非常に高いのです。

無駄撃ちを減らすためには、「戦略を前もって立てておき、それ以外のエントリーはしない」ということです。

下手な鉄砲を数打つのではなく、上手な相場技術を身につけてから、的確に利益を狙っていきたいものですね。

しっかりと鉄砲の技術を習得してから数を撃ちましょう。

五十二．トレーダーに未来予知能力はない！

「今、私はどこにいるのだろう」「そして、どこに行こうとしているのだろう」

多くの人は仕事でも相場の勉強でも一生懸命頑張っていると思います。精一杯走ってきて、ふと気がつくと、「あれ？ ここはどこ？？」ってことが人生にはあると思います。

「あれ？ これからどうしようとしているのだろうか？」

そんなときはどうしたらいいのでしょうか。

いったん立ち止まって、後ろを振り返ればいいのです。

「そうだ！ 二年前に一念発起して相場の勉強を始めたんだ」「そして、これまでこういう勉強をし続けてきたんだ」

じゃあ、「明日からもこの勉強をし続けていこう」と、また前を向くことができます。

私たちは未来予知能力を持っていないのです。

株価が明日上がるか下がるかなんて誰にもわからないのですね。明日がわからない状況で私たちが取るべき行動はどんなものでしょうか。

「過去を振り返る」

そして、過去から現在までの行動が正しかったのであれば、それを継続する。過去から現在までの行動が間違っていたのであれば、今後の動きを修正する。実生活でも相場でも同じです。

明日から取るべき行動を決めるのは、過去から現在までの「軌跡」ですよね。

相場においては、それが「チャート」なのです。

ですから私たちはチャートを元にトレードをするのです。

私たちトレーダーには未来予知能力なんてないのですから。

五十三、最初の損は最良の損！

株式投資の初心者が、早い段階で失敗して、損失を被るのは良いことです。

失敗を糧として本気で勉強をする気になるからです。

しかし、多くのトレーダーは早い段階で取り返しのつかない大きな失敗をして相場の世界から退場してしまうのです。

最初は小さな失敗をするのですが、小さな失敗をしているうちは本気で勉強をする気にはならずに、小さな損失を取り返そうとしてトレードを続けるのです。

そして、小さな損失が積み重なり損失が膨らんでいくのです。

勉強もせずに投資を続けていくのだから損失が膨らんでいくのは当たり前のことですね。

それに気づかず、トレードを繰り返し、損失が膨らみ続け、膨らんだ損失を取り返そうとして、自分の資金に見合わない金額のトレードを行い、取り返しのつかない損失を受けて相場の世界から退場していくのです。

早い段階での失敗は良いことですが、その失敗にいつ気づくことができるのかで相場人生が成功にも失敗にも変わっていくのです。

最初の損をその後のトレードに活かすことにより、**最良の損**だったとわかるのです。

五十四．不確定な事象から安定的な収益を得る！

数をこなすことで確率を味方につけることができます。

カジノではある一定の割合でカジノ側に有利になっています。トレードも優位性を見つけることができます。

トレードではカジノの経営者と同じように、確率が有利なことを繰り返すことによって収益を得ることができるのです。

このことを本当に理解すると、1回のトレードに対する価値が非常に低くなります。

今まで、損切りができなかった、利食いができなかった等、ルールが守れなかった人も躊躇せずにトレードできるようになります。

自分の売買ルールで売買をした場合、利益になる可能性は100%でなくてもいいのです。

優位性があればいいのですね。

優位性の高いルールでエントリーすれば、収支がプラスになる可能性が高くなります。

たとえば、

（1）勝率が60%で、配当が2倍でもかまいませんし

（2）勝率が50%でも、配当が2・5倍あればいいのです。

自分の売買に対して一定の検証数をこなせば、確率的に有利となるのかどうかがわかります。

確率的に有利であると納得することができれば、一度や、二度思ったように動かないといって、悩んだり損切りを躊躇することはなくなります。

大切なのは、1回ごとの勝ち負けではなく、確率の優位性を守られるように**決められた定石・原則・ルールを守ってトレードをすること**です。

五十五．相場の利益はシナリオありき！

トレードをする上で私はシナリオを立てておきます。

なぜシナリオを立てておくのでしょうか？

それは、

「前もって今後の動きを想定しておくことによって、想定外の動きをなくし（減らし）、上下どちらの動きになった場合でも冷静に対処できるようにする」

このことがシナリオを立てる一番の目的です。

一見、どのような動きにでも対応できると思われるでしょうが、実際売買してみると、あることが解決できていないことに気づくと思います。

それは、実際にどうなったときにエントリーして、どうなったときに別のシナリオに変更するのかまで決めておくということです。

ここまでのシナリオを立てることにより、**どんな動きにも冷静に対処することができるようになります。**

冷静にシナリオに沿った売買をしていれば、損失は最小限に抑えることができ、利益は最大限に伸ばすことができるのです。

損失を抑えること、利益を伸ばすことはシナリオありきでなければ達成することはできないのです。

五十六．損をしろ！ 損を受け入れろ！

相場に参加している誰もが、相場で勝ちたいと思っています。

勝ちたいと思うことはいいのですが、損をしたくない、損を排除したいと考えると売買がおかしくなってきます。

損を排除したいという気持ちは十分理解できるのですが問題があります。

「損をしたくない」と考えるようになると、「相場に確実さを求める」ようになります。

そしてあと10円動いてから、10pips動いてからエントリーしようと考えるようになり、エントリーが遅れます。

利益になる動きのときは早く動くので置いていかれエントリー無しとなり、損失になる動きのときはエントリーが遅れても約定してその後損切りになるという悪循環にはまります。

このような売買をしていては勝てるはずがありません。

そもそも相場に確実さを求めても、確実なものは何もないのです。

エントリー方向と逆方向、どちらに動くことが確率的に高いのかを考えエントリーするのです。

8割「上」の動きと思ってエントリーしても、2割は「反対の下」に動きます。

私たちにできることは10割を目指すのではなく、リスクよりリターンが多いことを何度も繰り返して損失よりも利益を大きくしてトータルで勝つということですね。

そのためには積極的に2割の損をしなければならないのです。

積極的に2割の損失を受け入れなければならないのです。

そうしないと、相場の世界からの退場が待っているだけだからです。

五十七. 相場は守りで攻める!

サッカーにおいて「シュート」は「攻撃」、ゴールキーパーの動きは「守備」です。バレーボールでは「アタック・スパイク」が「攻撃」で「レシーブ」が「守備」です。ということは、以下のように定義できるのではないでしょうか。

「攻撃」…ボールを蹴る方向・強さ・タイミングなどを自らの意思で決定することができる

「守備」…相手の意思に対応し、その意思を挫く

しかし、野球というスポーツは守備側の代表選手であるピッチャーは投げる球を「自らの意思で決定」していますし、攻撃側のバッターは投げられたボールに「対応する」ことしかできません。

しかし、バットにボールが当たってからは攻守が入れ替わります。野手は打った球にしか反応することができないのです。野球はひとつのプレー中に実質的に攻守が入れ替わる珍しいスポーツだといえるでしょう。

相場において私たちはどのような立場なのでしょうか。

一般的に私たちは「価格の動きに対応する」ということしかできません。そういう意味では「守備」だといえるでしょう。

しかし、「守備・対応」だけで勝つことができるでしょうか。

「株価が上がってきたから買いだ」「下がってきたから売らなきゃ！」

これでは対応とも呼べないのではないでしょうか。これは単に「後手に回っている」だけですよね。私たちが勝つためには「後《ご》の先《せん》」でないとダメなのです。

「相手の攻撃を受けているように見せながらも先手を取っている」という売買をするためには現在の動きの意味を認識することが必要になります。

つまり相場における「後の先」とは、「目先の動きにとらわれず「大きな流れ」に乗る売買を行う」ということであり、**「シナリオを描いて待ち伏せをする売買を行う」ということ**なのです。

「後の先」の意識を持つと、慌てることもなくなります。「後手」に回っているから慌てるのですよね。

「先手」の動きが読めていれば誰も慌てません。

相場は「待ち伏せ」という守りで攻めることができるのです。

五十八．相場は、出る・引く・待つ！

ディーラーの端末と私たちのパソコンと比べると私たちには遅れがあります。

つまり、私たちはスピードの面において劣った環境なのです。そして、ニュース入手の面、資金面でも劣っています。

相場という同じ土俵で戦うのにすべての面で劣っていることを自覚する必要があるのです。

こういう場合にはどのような戦略を立てるのが良いのでしょうか。

ディーラーと同じ戦略では勝つことはできません。違う戦略を取らなければならないのです。その戦略とは待ち伏せなのです。

エントリーする場合、ベストの条件になるまでひたすら待ち続けることです。

待つことが自然体になるまで、待つことを練習しなければいけないのです。

幸いにも相場の世界では「見送りの三振」はありません。

外角低めのストライクもインハイのストライクもフォークボールも、すべて見送ったとしても三振アウトにはならないのですね。

常に、自分のタイミング・自分のストライクゾーンだけでバットを振ることが許されているのです。

このことを博打用語では「出る引くの自由」といいます。

胴元はすべての賭けを必ず受けるという不自由への対価として手数料・スプレッドという「寺銭」を取っています。

私たちは遠慮することなく「見《けん》」をすることができるのですね。

そして、ど真ん中のストライクが来たときだけヒット・ホームランを打ったらいいのです。

「待つ」ということは非常に単純な作業であり退屈でしょうが、これが身につかないとテクニカルな売買はできません。

「出る」・「引く」・「待つ」

これこそ個人投資家が相場で勝つ秘訣です。

五十九・相場の天井、有頂天！

ある程度相場の経験を積んでくると調子の良い時もあれば調子の悪い時もでてきます。調子の良い時というのは何をやってもうまくいくものです。これは相場だけに言えることではありません。

普段の生活の中でもやけに調子の良い時というのがありますよね。やけに異性にモテる時期があったりして（笑）。

しかし、好調というのはいつか終わります。

どんなに上昇力の強い相場でもいつか下落転換するように自分の好調な時というのも終わりが来て不調な時期に入ります。

調子が良くて楽観的になり、この調子がずっと続くと思い込んでいる状態を「有頂天」と言います。

「頂点が有る」と書いて「有頂天」です。

調子が良い時はこの後に頂点があるんだ。頂点から下る時がくるんだ、と自分自身に言い聞かせておかなくてはなりません。

好調な時ほど気を引き締めてしっかりと自分のルールを守っていきたいものです。

そうすることによって私たちの資金は守られていきます。

六十．嫌いな物でも、見方を変えると好きになる！

納豆が嫌いな人がいます。これまで、納豆が嫌いで嫌いで、食べるどころか匂いもダメでした。食べず嫌いということです。

ある日、めちゃくちゃお腹が空いている時に、納豆入りのおにぎりの中身を知らずにかぶりついて食べてしまいました。しかしそのおにぎりがとても美味しく感じて、それ以来納豆が大好きになりました。

この人の納豆に対する思考は「納豆＝美味しくない、匂いも嫌い」から「納豆＝美味しいもの」という思考に変わったのです。

「損切り＝負け」という思考も「損切り＝負けではなく勝つためには必要」という思考に変わることによって損切りができる人になります。

思考を変えるには、納豆の例でもそうだったように実際に体験してみることが一番です。損切りすることによって勝ちになるということを理解するためです。

自分のこれまでの成績を用意して損切りできなかった所をチェックするのです。

損切りして大きな損になった場合もあるでしょうし、損切りしなくて損が少なくなった場合もあるでしょう。

それらもすべて損切りした場合の収益を出します。

損切りした場合としていない場合を比べて収益が改善していれば損切りすると成績が良くなるということがわかります。

絶対はありませんが、**利益につながるとわかっているならルールを守れるようになる**のです。

損切りが嫌いだった人でも、勝つためには必要だと理解すると好きになるのです。

六十一・恋愛は惚れるが勝ち、相場は惚れたら負け！

恋愛というものは自分が相手に惚れて惚れて惚れまくれば幸せを感じることができるものです。一生惚れ続けることができれば最高の人生になるでしょう。

しかし、相場というものは**自分の建玉に惚れると火傷**をします。

自分の好きな銘柄に情を挟むと大怪我をします。

好きな会社の株だから少しくらい下がっても我慢して持ち続けようと考えてしまうのです。

また、日経225先物やＦＸなどでも、買いしかやらない、買いが相場の王道だと考えてトレードをしていると売りのチャンスが来ても買い場を探すようになり、自分の都合のよい材料を見つけ逆張りで買ったりします。

その結果、大きな損失を出して、相場の世界から退場になってしまうのです。

恋愛では惚れると幸せを感じることができますが、相場では惚れると幸せを感じることができないどころか、相場の世界からの退場という最悪の結果を迎えることになります。

相場に惚れたら負けですよ。

六十二、子供の時の凄かったことも大人になると忘れる！

子供ってスゴイのです。「これ楽しいからやってみて」って言うと、夢中になって続けます。

そして、やったこともないことができるようになるのです。

しかし、大人になると最初からやりもせずに無理だと考えるようになるのです。

頭で理解できなければ、やってみようとも思わないのです。

補助輪を外して自転車に乗れるまでにどれくらい練習したでしょうか？

鉄棒で逆上がりができるまでに何カ月かかりましたか？

水泳で50メートル泳げるようになるまで何年かかりましたか？

九九を覚えるまでにどれくらいの反復練習をしたでしょうか？

大人になると、どれだけやったのか全部忘れちゃうのです。

子供心に戻って相場を楽しみながら勉強すれば必ず結果が現れます。

いつまでも子供の時の好奇心を持ってやり続けたいですね。

だって、相場って楽しいのですから。

六十三、相場は自由だ！

相場というのは自由な部分が大きい職業です。

市場が開いている時間という制約はありますが、いつ買うのも、いつ売るのも自由です。

個人投資家は、ディーラーのようなノルマもないので毎日売買する必要もありませんし、1週間売買なしでも文句を言われません。

資金の制約はありますが、いくら投資をするかも自分で決めることができます。

自由度が高いということは、自分でルールを決めておかないと大変なことになるということです。

ルールを決めずにいて、なんとなく上がりそうだから買った。これでも誰にも文句は言われません。

買った後、上がった場合はいいですが、上がらずに下げたときはどうするのでしょうか。上がりそうだからという理由でエントリーしたのであれば、間違いだったときどうするのかルールがありません。

いつ損切りするのかが決まりませんね。

ルールとして前提条件があり、前提条件が崩れると損切りする。うまく行けば利食いになる、と決めておけば対応することができます。

「この動きになれば、こうなるはずだ」という基準があれば、そのとおりになれば普通ですし、そうならない場合は、なにかのシグナルとして警戒・対応を考えておくことができます。

基準があると、物事を論理的に考えることができます。

価格の動きは、無秩序だからこそ、参加する側は論理的に考える必要があるのですね。

このことを理解してはじめて、相場は自由だと言えるのです。

六十四．嫌いな奴には淡々と接しろ！

誰にでも「なんかこの人とは合わないな」と思う人がいます。

「好き」とか「嫌い」という感情には理屈では言い表せない何かがあるのですね。

そういう感情があると認めてしまえばいいのですよ。「私はこの人苦手なんだな」「この人のことあまり好きじゃないんだ」と認めてしまうのです。

でも絶対にやってはいけないのが、気に入らないからといって、その人に対していじわるをしたり攻撃をしたりすることです。

嫌いだと認めてしまった上で無理に合わせることをしなければいいのです。

自分は自分、あの人はあの人というように考えると嫌いな気持ちも少しずつ和らいでいきます。

そうすると「嫌い」だという気持ちはあっても淡々と接することができるようになります。

淡々と接すると相手も少しずつ歩み寄ってくるようになるから不思議なのです。

人生における人との接し方は相場との接し方と一緒だと思います。

「今日の動きはなんか苦手なんだよな」この動きは嫌いという日があると思います。そんなときは無理に相場と接することはないのですね。

苦手な動き、嫌いな動きなのですからその動きに対して攻撃することはないのです。淡々と接すればいいのです。

この場合、「淡々と接するというのは苦手な動きだから見ているだけにしよう」とか「上に行った後の押し目を買おう、だから今は押し目が来るまで待つことにしよう」ということです。

このような接し方をすれば**相場のほうから歩み寄ってくるようになる**のですね。

嫌いな動き（奴）には淡々と接しましょう！

第4章 相場から退場にならないためのルール

六十五、下手なナンピン怪我のもと！

六十六、生兵法は大怪我のもと！

六十七、知識は本でも学べるが、勘は実戦で強くなる！

六十八、聖杯探しは迷路の入り口！

六十九、ブレイクについてく愚か者！

七十．ロスカットは天使のささやき！

七十一．トレード中に損益を計算するな！

七十二．アル中・ヤク中・相場中毒！

七十三．人間は、変化を否定する！

七十四．朝の来ない夜もある！

六十五. 下手なナンピン怪我のもと!

下手なナンピンはダメだが、計画的なナンピンは良いという意味ですが……

あなたは次のような考えを持っていないですか?

「ナンピンとは自分の建玉が評価損を抱えた場合に建玉の平均買い単価を下げることのできるとても便利な手法である」。

もし、このような考えを持っていたとしたらあなたは典型的な破滅型トレーダーです。ナンピンというのは相場の原理原則に逆らった売買なのです。

たとえば、株を買ったということはこれから上がるだろうと思って買ったのですね。しかし、自分の思惑とは逆の動きになった。この時点で自分の考えは間違っていたということです。自分の間違いを認めたくないのでナンピンをするのです。

ナンピンは買単価を下げられるという利点があると勘違いしてしまうのです。

これは利点ではないのです。

私たちは利益を上げるためにトレードをしているのですね。買単価を下げて安く買えただけでは利益にはなりません。安く買ってもその後、株価が上昇しない限り利益にはならないのです。

自分の考えが間違っているということはその後、株価は下げる可能性が高いということです。それなのに買い増しをするなんておかしなことですよね。

相場で利益を上げるために必要なことは、いくら安く買うことができたかということではなく、相場の動く方向にポジションを持つことができているかどうかです。相場の動く方向にポジションを持つことができれば必ず利益になります。このことをしっかりと覚えておいてくださいね。

ナンピンは愚の骨頂！　破産への道！

ナンピンしたくなったら必ず一度ロスカットしてください。ロスカットをすると建玉がなくなり冷静な判断がしやすくなります。自分が冷静であるということを確認した上でチャートを見直すという行動を起こしてくださいね。

ナンピンとは自分の建玉が評価損を抱えた場合に建玉の平均単価を下げることのできるとてもとても危険な手法なのです。

六十六．生兵法は大怪我のもと！

「清水物語」や「世間母親気質」などに出てくる言葉。いい加減な兵学や武術を身につけていると、かえって大怪我の元となるという戒めの格言。

相場の世界でも同じことが起きます。

自分の手法が順張りなのか逆張りなのかもわからずにトレードをして、偶然に利益になることが多く資金が増えてくるとどんな局面でも儲けることができると勘違いし、最終的には資金をすべてなくし、相場の世界から退場することになります。

トレードには基本の売買と応用の売買がありますが、基本の売買すらしっかりと身につけていないのに、応用の売買をしたがるのもこの人たちに共通することです。

基本の売買で一定期間、利益を出し続けることができたトレーダーのみが応用の売買を行うことができるのです。

基本の売買を身につけていないのであれば、基本の売買をみっちりと覚えることです。

それが相場の世界で儲けるための近道です。

六十七．知識は本でも学べるが、勘は実戦で強くなる！

株式投資の知識はある程度、本でも学ぶことができますが、相場の動きは最終的に勘（直感）に頼る面が大きいのです。

この勘は、本などで得ることは難しく、「実戦で磨くしか有効な方法はない。習うより慣れよだ」。

一般的にはこのように言われていますが、いきなり実戦をしてしまうトレーダーが多いようです。

そして資金をなくし、相場の世界から退場していくのです。

「習うより慣れよ」というのは、相場の基本を勉強して、知識として自分の中に落とし込んだ後の話です。**相場の基本が身についていないのに実戦を行えば、資金をなくすのはとても簡単なこと**なのです。

そのことに気づかずに、毎年多くのトレーダーが相場の世界から去っていきます。

そして、相場の魅力に惹かれて新規参入する人がやってくるのです。

このことの繰り返しで、技術のある人だけが相場の世界で生き残っていくのです。

慣れることは必要ですが、しっかりと基本を身につけてから慣れるようにしましょう。

六十八．聖杯探しは迷路の入り口！

相場というものは、ランダム（不確定）な要因を含んでいます。

相場で毎回勝てるような指標などを探しても見つかることはないのです。

ある一定期間だけ儲かるシステムは多く存在しますが、**何年何十年と機能し続けるシステムは存在しない**のです。

必ずある期間にドローダウンが発生します。そしてそのドローダウンは自分の資金では耐えられなくなるほどの大きさになることもあるのです。

毎回勝てるような指標を追い求めている人は、ドローダウンが始まると、指標やチャートのせいにして、もっと機能する指標やチャートはないのか、パラメータはないのかと探し始めます。

ドローダウン中の相場で利益の上がる指標を探したとしても、また考慮に入れていない事象やランダムな要因によって裏切られます。そしてまた機能する指標・チャートを探す旅に出るのです。

自分自身でそのような指標を探す人はまだいいのですが、巷で売られているシステムを買い求める人たちは、相場に参加している間中、他のトレーダーに資金を供給することになるのです。

相場に聖杯は存在しないのです。

聖杯探しを始めることは、相場という巨大市場の迷路への入り口に一歩足を踏み入れたということになるのです。

六十九．ブレイクについてく愚か者！

ブレイク売買とは、直近高値を超えた時点で買いエントリーする売買法です。ブレイクにならない場合はエントリーしなくてもよいし、ブレイクしたらエントリーするのでエントリータイミングが明確なのです。

そのために好んでブレイク売買をするトレーダーが多くいます。

しかし、ブレイク売買には大きな落とし穴が空いているのです。

それは、

●エントリー後のロスカットポイントが遠くなる。

●ブレイク後、少し戻した時にブレイクが成功したのか失敗したのかを判断するのが難しい。

●ブレイクする時点で、もうすでに大きく価格が動いているので値動きが大きくないと利益幅が小さくなる。

●ブレイク後に十分な値幅が出るのかどうかの判断が必要。

このような落とし穴が空いているのです。

特にロスカットポイントが遠くなるというのは、初心者にとっては致命傷になります。

人は本能的に損切りを嫌います。含み損になると損切りせずに我慢する傾向があるのです。

ですから初心者トレーダーは損切りすることができずに含み損をどんどん膨らませてしまうのです。そして相場の世界から退場していくのです。

ブレイク売買とは、**一気に資金をなくす可能性の高い売買法**なのですね。

だからブレイクについていくのは愚かだと言うわけです。

七十．ロスカットは天使のささやき！

ロスカットをする理由とは何でしょうか。

ロスカットをする最大の理由とは「相場の世界」から退場しないためです。楽しく利益を上げることのできる可能性のある相場を続けるためです。

ロスカットなんて本当は誰もがやりたくないのですね。できることならロスカットせずに相場を続けたいと誰もが思っています。当然、私もそう思っています。

でも、ロスカットをせずに相場を続けていると致命的な損失を被り、その後必ず相場の世界から退場するということになります。

ロスカットする最大の理由とは退場という最悪の状態を防ぐということなのです。

ロスカットはこのように致命的な損失を防ぐために行うのですから、確実にロスカットができる方法で発注をしなければなりません。つまり、**ロスカットは必ず「成り行き注文」で行う**ということです。

ロスカットに掛かったら天使のささやきだと思って成り行き注文で執行することが大切です。

自分の考えが間違っていてロスカット価格になったら、株価が元に戻るかもしれないという悪魔のささやきには耳を貸さずに有無を言わさずロスカットすることです。

人間は自分の間違いを認めたくない生き物です。間違っていても「もしかして」という期待をしてしまうのです。

この期待感というものが邪魔をしてロスカットができなくなるのですね。

悪魔のささやきに負けて損切りすることを拒むと、最終的には大きな損を抱えることになるのです。

損をしないためには、「天使のささやき」を聞き逃さないことです。

七十一・トレード中に損益を計算するな!

「よしよし、いい感じ。今利食いすると10万円プラスだ～」。

「う～ん、ちょっと下がった、10万だった利益が5万か。でもまだ5万円プラス!」。

トレード中にこのような感覚になる方は注意が必要です。

なぜなら、利益に焦点がいってしまうと、チャートを冷静に分析するという本質が見えなくなってしまうからです。

チャートの動きがお金にしか見えなくなるのです。

損益にばかり目がいくと、冷静に判断することが難しくなります。

全く意識するなというのは無理かもしれませんが、トータルの損益を確認するのはポジションがなくなってからでも遅くはありません。

利益を勘定すると、その利益がなくなることに恐怖が生まれます。

利益が増えた、減ったということに目が向いてしまい結果的に、小さな利食いで終わってしまいます。

最悪、含み益が頭に残ってしまい、利食いできないどころか前もって決めていた損切り価格も守れなくなってしまうということが起こります。

利益を勘定することが退場の道につながってしまうのです。

精神を冷静に保つためにも、チャート分析、手法に集中して適切な売買を心がけなければならないのです。

損益に対する感情というのはトレードにおいて重要なのです。

七十二、アル中・ヤク中・相場中毒！

多くのトレーダーが相場において、なかなか勝てない原因のひとつとして「エントリー過多」が挙げられます。

これは相場中毒、ポジポジ病と呼び名はいろいろあるようですが、ようするにエントリーしていないと落ち着かないという状態です。

- 値動きにつられてしまってエントリーしてしまう。
- 場当たり的な売買をしてしまい負けが続いてしまう。
- ロスカットが大きくなってしまう。
- ドテン売買を繰り返してしまう。
- 損切りできなくなる。

相場中毒ではこのような症状が出ます。そしてそれが続くのです。

相場中毒というのは、相場に刺激を求めている状態です。つまり、相場をギャンブルとして楽しんでいる状態なのです。

相場中毒の状態で勝ち続けている人を見たことがありません。

アルコール中毒や薬物中毒は、身を滅ぼします。家庭を壊すこともあります。

これらの中毒と同じように、相場中毒にかかると家庭を壊す可能性があるのです。

相場中毒から抜け出す方法は、相場を仕事として捉えることです。

相場はギャンブルとして楽しむものではなく、仕事として楽しむものなのです。

七十三、人間は、変化を否定する！

実生活においてもトレードにおいても「危機管理」が大切です。

自動車を運転していて信号のない交差点ではスピードを落としてブレーキに足を置きます

よね。これは、「ひょっとしたら横の道路から他者が飛び出してくるかもしれない」という危機を管理する行動です。

「案の定、自転車が飛び出してきたが、それを想定していたので急停車して事故を回避した」というのは待ち伏せの一種と考えられます。

人間っていうのは面白いもので、想定外のことに対しては対応することができません。いわゆるパニックというものですね。その際、人間は一般的にどういう動きをするでしょうか。変化を否定するのです。

これまでにいた心地よい環境がベストだという思いから、かけ離れた動きを否定してしまうのです。

車が自分に向かってきて衝突することが明らかになったとき、私たちの体は逃げることよりも動かなくなるほうを選択してしまうのですね。

買い玉を持っているとき、なんらかの理由で急落し始めた状況に上手に対応できるでしょうか。

買い玉が損失になっているのだったら、対応は売るということしかないのはわかっているはずなのにクリックできないのです。

こういうことは滅多に起こりません。

しかし、**滅多にないからこそ対応できなくなる可能性が高い**のです。

この滅多にないこと一発で相場の世界から退場となる可能性があるのです。

人間は変化を否定するのです。今あるお金が相場ですべて無になるという変化だけは否定してくださいね。

七十四．朝の来ない夜もある！

「朝の来ない夜はない！」とよくいわれます。

冬の次に春がくるように、夜の次には必ず朝が来ます。

不況の後には景気回復、好況がやってきます。

株式市場で大底がやってくればその次は株価上昇がやってきます。

不運の後には幸運が必ずやってくるので、不運、不幸に見舞われたときには、嘆いてばかりいないで、プラス思考で乗り切りたいという意味ですが、相場の世界では朝の来ない夜があるのです。

それは、相場の勉強もろくにしないで相場に参加していると、大切な資金がなくなってしまい、相場の世界からの退場になるということです。

大底の後には株価上昇が必ずくるのですが、**資金をなくした投資家には、朝が来ないでお先真っ暗なまま相場の世界からの退場となるだけ**です。

相場の世界でも朝を向かえることができるようにしたいですね。

太陽の光ってとても素敵なものですから。

第5章

トレードスキルを磨き続けるためのルール

八十．失敗の処理を失敗するな！

八十一．たかが相場日誌、されど相場日誌！

八十二．シナリオ売買、天国へ続く蜘蛛の糸！

八十三．エントリーしたら何が起きても受け入れる！

八十四．理解しているけど体得してない！

八十五．自分でやらねば上達しない！

七十五．仕掛けはすべての人に伝えろ！

自分のトレード技術を向上させたいと思うのであれば、エントリーする前に、エントリーする理由、どうなったら手仕舞いするのかをすべての人に伝えるという気持ちでやらなければならないのです。

なぜなら、人にしっかりと説明できないトレードは利益になる可能性が低くなるからです。根拠のないままエントリーやイグジットをしても技術が向上することはありません。

●トレンドの特定を裁量で行う。
●エントリータイミングを裁量で行う。
●ロスカットを裁量で行う。
●利食いのタイミングを裁量で行う。
●再エントリーするかどうかを裁量で行う。

このような売買は裁量売買でしょうか。

その時の感情でトレードを行うと、同じような場面でも違う行動をするようになります。

相場で利益を上げるためには、利益になる確率の高い方法を選び続ける必要があるのです。

自分のトレードを必ず人に公表するという気持ちでトレードすれば、**勘違い売買をすることはなくなっていきます。**

そして、利益の出るトレードができるようになってくるでしょう。

七十六．テクニカルはいい加減と知れ！

まずテクニカルなんて占いと同じでいい加減な代物だということを覚えてください。チャートは過去の値動きをグラフにしたものに過ぎません。

未来のことがわかるものではありませんし、ニュースには無力です。

でも、私たちはテクニカルを使って相場に取り組んでいます。

なぜでしょうか。

テクニカルには前提条件があります。

- 「価格には、すべての材料（情報）が含まれる」
- 「市場の動きは、すべてを織り込む」
- 「トレンドは、トレンドが発生する」
- 「トレンドは、継続しやすい」
- 「歴史は、繰り返す」

すべてを織り込んだ価格は数百年前と同じように上昇から熱狂に、悲観から絶望へと動きます。

この仮説の前提条件が正しいのであれば、そして正しくテクニカルを使うことができるのであれば、「正しい過去」を認識することができるでしょう。

それができるのであれば、テクニカルは使わないよりはましだと思います。

テクニカルをマスターしたから儲かるようになるというものではありません。

七十七. リスクへ向かえ!

価格の動きが「主」で、テクニカルは「補助」だと思っているのがよいでしょう。

多くのトレーダーは本当のリスクの取り方を理解しているのでしょうか。

相場というのは、いつエントリーしてもいいし、いつイグジットしてもよいので始めるのも終わるのも自分で決めることができます。

このことはとても有利な条件なのですが、逆に言うと自分で決めないといけないということです。

自分で決めることができない人にとっては有利な条件が仇になってしまいます。

買おうと待って下がってくるのを見ると、「もっと下がるのではないか」「あと10円下がってからエントリーしよう」「あの支持線にタッチしてからエントリーしよう」と必要以上の確認をすることを正当化してしまうのです。

確認のしすぎでエントリーが遅れるといろいろと不利な点が出てきます。

●ロスカットが大きくなる。
●エントリーを見送ってしまう。
●エントリー時に置いていかれる。

不利な点が出るというのは、リスクを取りたくないために多くの確認をするからです。しかし、多くの確認をし過ぎると利益が減るどころか損失になってしまいます。確認のし過ぎというのはリスクを回避しているようで、本当は大きなリスクを背負っているのです。

本当のリスクの取り方というのは、**最低限の確認でエントリーすること**なのです。

リスクへ向かえ！

七十八. 相場を言葉にする！

相場を言葉にするというのは、自分のトレードを言葉にして記録するということです。

私は相場日誌を書くことを奨めています。

相場日誌を書くというのは相場を言葉にするということです。

言葉にする、記録するというのは、自分にとって資産になります。

しかし、トレードの内容を言葉にするというのは簡単にはできません。

「相場の動きに勢いがあったからエントリーをした」というのでは今後のトレードに活かすことができません。

なにかしら論理的に考えなければならないのです。

トレードにおいて自分自身で感じたことなどは数日経つとほとんど忘れてしまいます。しかし、メモを取ると記憶に残りますし後で見直すことができます。

過去のトレードを検証すれば、損切りができなかったとか、躊躇してエントリーしなかったなど自分の弱点を知ることができるのです。

弱点がわかれば対処法を考えることができます。

そうして弱点をなくしていけば年間を通じた利益が大きく増えていくことになるのです。

相場を言葉にして残すことにより、**相場が楽しくなり、儲かるようになる**のです。

言葉って大切ですね。

七十九．知識を知恵へ変換しろ！

本やブログに書いてあることを読んでいるだけだと「知識」だけで単なる「物知り」になるだけです。

知っていることと、それを利用できることでは雲泥の差があります。

投資をするには「納得」が必要です。納得すると知識が知恵へと変わります。そのためには、自分自身が納得する経験（統計をとる）検証を重ねることです。

人は、自分で確認した方法にしか従うことができません。

（1）仮説→検証
（2）検証→ルール抽出

（1）と（2）では大きな違いがあります。

たとえば、セブン・イレブンとその他のコンビニチェーンでは一日の売上が平均20万円以上違います。同じような「POS」を使っているしほとんど同じようなものを置いているにもかかわらず大きな差があります。

「POS」の使い方が違うのですね。

たとえば、海のそばで釣り客の多いセブン・イレブンでは、梅干のおにぎりが売れるだろうと仮説を立て多く仕入れ販売します。そしてそれを「POS」で検証するのですね。確認作業をするのです。その他のチェーンでは、「POS」を使って何が多く売れるのか検証し、それを仕入れます。

（1）だと答えがはっきりとわかります。（2）だと梅干のおにぎりが売れて品切れになり鮭のおにぎりも同じように売れたりします。これでは、わかりにくいし、わかるのに非常に時間がかかります。

同じように相場での検証も（1）の仮説↓検証を多くしたほうが有利なのです。

そして仮説を立てるのにも基準がいるのです。

その判断の基準がピークボトムであったりダウ理論であったり移動平均線であったりします。

みなさんも本やブログに書いていることを鵜呑みにせず、書いてあることを確認・検証し納得して仕掛けや手仕舞いをしてください。

「知識」を「知恵」へと変換してくださいね。

八十．失敗の処理を失敗するな！

投資に失敗はつきものですが、失敗の処理を間違うと損失を大きくすることになりかねないという戒めの格言。

この格言でいう失敗とは損失のことのように感じます。

相場での失敗とはなんなのでしょう。損失を被ることが失敗なのでしょうか。私の思う失敗とは損失ではありません。

売買には次の4つの売買があります。

●正しい売買
●間違った売買
●利益になる売買
●損失になる売買

そして、これらを組み合わせてみると次のような売買が考えられます。

●正しくて利益になる売買
●正しくて損失になる売買

- 間違って利益になる売買
- 間違って損失になる売買

この中で私たちが行うべき売買は次の2つです。

- 正しくて利益になる売買
- 正しくて損失になる売買

利益になるか損失になるかが問題ではなく、正しいか間違っているかが問題なのです。損失になることがあっても正しい売買を続けている限り、損失よりも利益のほうが大きくなります。

失敗とは間違った売買のことです。正しい売買を続けていけば、損益は徐々にですがプラスが大きくなっていくのです。

八十一・たかが相場日誌、されど相場日誌！

これだけは皆さんにお伝えしないといけないと思うのは相場日誌を書くということです。

相場日誌については、私の本やブログで何回も書いています。

学生の頃に、テストを受けたことがあると思います。テストの点数はもちろん実力を知る上で大切なのですが、そのテストのできなかったところ、苦手なところを復習して次に活かせるようにするということが大切なのです。

できなかったことをほったらかしにして、同じ問題が出ても同じ間違いをする、ということを繰り返していると、何度もテストを受けているとそのうちにできるようになるかもしれませんが、スピードは遅くなります。

ゴルフにしても練習もせずに、プレーするだけでは上手くはなりません。相場も同じで、復習や練習をしないといけません。そして、復習や練習をするためには、記録がないとできないのです。

上達したいのならば、記録をつけるべきで、上達を早めたいならば、必ず記録をつけなければなりません。

ただし、**収支だけをつけているという方は逆効果**です。それはテストの点数だけをつけているようなものです。

どの教科の点数さえもわからないし、たまたまラッキーで正解だったものも含まれています。

目を向けるのは、「論理的な判断ができているのか。決められたルールどおりできているのか。有利な状況になるのを待つことができているのか」といったことであり、収益がマイナスでも正しい売買になっていれば全く問題はありません。

そして、自分の売買の分析をして身についたものは本当の力になるのですね。

たかが相場日誌なのですが、つけ方次第ではプラスにもマイナスにもなるのです。

相場日誌を書くということも実は奥が深いのです。

八十二 シナリオ売買、天国へ続く蜘蛛の糸！

シナリオ売買とは、相場の動きを予測して売買をするというものではありません。相場の動きというものは、読みきれる類のものではなく、予想しても無駄という認識をしてもいいぐらいでしょう。

では、どうすればいいのか？

自分の取引を思い出してください。

身動きが取れないと困るのは、ポジションを持っていて損切りできなかったときや、セオリーどおりの動きなのにその時の相場観、感情が邪魔をしてセオリーどおりの取引ができなかったときです。

エントリーしにくい状況ほど利益につながる動きになるというのは、本当によくあることです。

そういったことを極力減らすためにシナリオを立てておくのです。

つまり、シナリオ売買というのは、相場の動きを何通りも想定しておいて、想定外の動きを減らしていく売買ということです。

上がるということだけを予想していて、勢いよく下に行った場合、下の動きを想定していないため対応できません。このとき、下の動きを想定しておくと、冷静に対処できるのです。こういう動きになったら、エントリーしよう。この動きになれば難しい動きなので見送ったほうがよい。このポイントを割ればトレンドが崩れる。こういったことを前もって考えておきます。

前もって考えずに相場に参加すると、自分のポジションを有利に見てしまったり、必要以上に悲観してしまったり、勢いにつられて売買してしまったりします。

シナリオを前もって考えておいた場合は実際そのとおりの動きになれば、クリックするだけです。反対方向に行ってもここまでなら許容範囲なので方針は変わらないと考えることができるようになります。

このように、目の前の動きに惑わされることなく冷静に判断できるのです。

シナリオ売買はトレーダーにとって天国へ続く蜘蛛の糸のようなものなのですね。

八十三. エントリーしたら何が起きても受け入れる!

エントリーする前に不安になるというトレーダーは多くいます。それは自分のエントリーに自信がないからです。

エントリー後にドキドキしながらチャートを見ているトレーダーも多くいます。

エントリーする前の段階では、トレンド判断やテクニカル分析などを駆使してエントリーするべきか見送るべきかを検討するわけですが、いざエントリーしてしまったら、ある種、割り切りが必要です。

エントリー後というのは、**なるようにしかならない**ということです。

たとえ、80%勝てる状況があるとしても10回中2回は負けます。その2回が負けになっても、それを受け入れるしかありません。

釣りでいうと、釣り糸を垂らせばあとは、釣れても釣れなくても気にしないということです。ゴルフでいうと、球を打った後はどこに飛ぼうが受け入れるということです。

入念な準備をしておくことが自分のできることであって結果はどうにもならないということですね。

負けを受け入れずに、損切りをしなかったり、ナンピンをしたりするようでは勝率がよくなっても、1回の損失で資金がなくなることもあります。

負けたときに、悔しいと感じるのではなく「今回はこうきたか」という感じで、次に行く。勝っても負けても結果は気にしない。

「きちんとルールを守れたのか」ということに注意していくことが上達のカギなのです。

エントリー後は、急落しようが急騰しようが受け入れて、その動きに対応するだけなのです。

八十四. 理解しているけど体得してない！

「損小利大が大切・トレンドはフレンド」

多くの人が知っている言葉です。しかし、知っているけどできないのです。

これが理解すると体得するとの違いなのです。頭ではわかっているのにできないこともたくさんあります。

「痛手にならないうちに損切りをしたらいい」わかっているけどできない。

「含み益は焦らずに伸ばしたほうがいい」わかっているけどできない。

なぜできないのか。それは損切りの練習をしていないからです。

そして、なぜ損失になったのかという意味もわからないからなのですね。

なぜ利益になったのか。どうして損失になったのか、という理由・根拠もわからないままトレードを続けているのです。

練習が大切といってもキチンとした正しいフォームを勉強し、それが身につくまで練習する必要があるのです。

損失になった理由が明確になれば、案外損切りもしやすいものです。トレードが利益・損失になった理由を明確化したらいいのですよね。

理由が明確化することによってトレードの分析が可能になり、自分のトレードを分析することによって、自分の長所・短所・癖・タイプなどがわかってくるのですよね。

それができるようになってからが本当の経験です。

そして、正しい経験の積み重ねが上達、向上につながるのです。

そのためには理解ではなく体得・会得が必要なのです。

八十五．自分でやらねば上達しない！

人から聞いただけでは上達はしません。実際にやってみることによって本当の理解につながるのです。

聞いたことを聞いたままにしていると、実際にその場面になっても行動に移すことができなくなります。人から聞いたことは自分で試して納得してはじめて行動に移すことができるようになるのです。

人から聞いたことを自分でやってみると、あいまいな理解だったものから、本当の理解に変わるのです。

さらに実践を積み重ねることによってさらに理解が進みます。

たとえば、システムトレードのプログラムを組んで検証というのは、誰もができることではありません。しかし、プログラムを組まなくても、手作業で検証することはできますし、チャートをチェックするだけでも大きな差になります。

初めから自分ではできないから聞いただけでいいと考えているようでは上達することはありません。

何事も自分でやることが大切なのです。

ただし、**相場では理解して納得して、検証をして利益になる可能性が高いと信じられた場合にのみ大切なお金を使ってトレードをする**のです。

自分で行動しなければ何も起きないのがこの地球なのです。

第6章

実践で積極的に活用したいルール

九十．ティックブレイクは逆襲の狼煙！
九十一．上昇は緩く、下落は早い！
九十二．不自然はチャンス！
九十三．伸びて縮んでまた伸びる！
九十四．動かぬ玉を長く持つな！
九十五．ひとつのことに集中するな！
九十六．値動きが最大の材料である！
九十七．男（女）も相場もギャップにやられる！
九十八．人生も相場も支持が運命を分ける！
九十九．人生も相場も同じようなもの！
百．○○○○○○○○○○！

八十六：昇り龍、勢いなければ下り龍！

昇り龍は昇る勢いが強いから昇り龍と呼ぶのです。昇る勢いがなければ昇り龍ではありません。

上昇トレンドでは、ピークは理想的な中心の右へ移転します。

下降トレンドでは、ピークは理想的な中心の左へ移転します。

右シフトは、強気。左シフトは、弱気ということになります。

要するに上昇トレンドでは、株価が下落している時間より上昇している時間のほうが長い昇り龍のような形のチャートになります。

下降トレンドでは、株価が上昇している時間より下落している時間のほうが長い下り龍のような形のチャートになるのです。

龍が勢いよく登っているようなチャートであれば買いのみを考えればいいということです。

龍が空から下っているようなチャートのときには売りのみを考えればいいのですね。
チャートの形が昇り龍なのか下り竜なのかをしっかりと見極めたいですね。

八十七．上昇トレンドの上昇波動でしか儲からない！

●上昇トレンドでは、基本的に上昇波動でしか儲からない
●下降トレンドでは、基本的に下落波動でしか儲からない
●横ばいのトレンドは、買いでも売りでも儲かるときと様子見がよいときがある

※横ばいのトレンド時は、ボラティリティーが高いときは買いでも売りでも儲かりますが、ボラティリティーの低いときは、儲からないので様子見がよい。

上昇トレンドというのは、上昇波動が下落波動よりも大きくなります。

高値も安値も切り上がっているのが上昇トレンドですから当然ですね。

下落幅よりも上昇幅が大きいのですから、売りで利益を上げるよりも買いで利益を上げるほうが簡単なのです。

上昇トレンドで儲かるように買うということは上昇トレンドの上昇波動で買うということです。上昇トレンドの下落波動で買っても儲かる可能性は低いのです。

上昇波動で買うから儲かる可能性が高いということです。このことは誰にでも簡単にわかることです。

こんな簡単なことを難しく考えるから儲からないのです。シンプルに考えましょう。

八十八：上でヨコヨコは上！

株価が上に動いた後、一定の価格が下がってから再上昇する動きを価格の調整と言います。

株価が上に動いた後、下がらずにヨコヨコになってから再上昇することを時間の調整と言います。

価格の調整は安い価格で買ったトレーダーが利食いを行うことにより発生します。

では、時間の調整はどうして起こるのでしょうか。

ヨコヨコ（時間）の調整の特徴は、「時間がかかる・調整の値幅が小さい・強い動きである・失敗すると逆襲を食らう」

こんなところですね。

時間の調整になるときは、少しでも下げれば買いたいという人が多いのです。利食いの売りが出てもそれを買う人が多いのです。だから値が下がらないのです。

もうすでに買っている人は、値が下がらないしあわてて売る必要がないので様子見か指値で利食いをします。

結局、値が下がらずに時間が過ぎて行き、買い方が指値から成り行きに変えてくれば高値をブレイクするのです。

そしてブレイクした時には、買えていなかった人が殺到することになり一気に上昇します。

上昇してヨコヨコになるということは強い動きをしている証拠なのです。

上でヨコヨコは次の上昇への準備期間であるということです。

八十九．支持帯は割ったら豹変、牙を剥く！

支持帯は支持されている間は買い方にとって強い味方ですが、割ってしまうと一気に売り方の味方になり、買い方に牙を剥くのです。

シナリオを立てて、次の動きがどうなるかを想定します。その想定を元に支持ラインを見つけて、買いの場合は支持ラインから少し上がったところで買います。

支持されなかった場合や、急落になった場合は買わずに見送りとなります。

支持帯が決定的に破られると役割が逆転して今まで支持だったレベルが抵抗に変わるのです。

抵抗に変わっているのに自分の気持ちを変えることができずに買い玉を持ったままでいると含み損がどんどん大きくなります。

支持帯が抵抗帯に変わったのですから上に行く可能性は非常に低くなったのです。

支持ラインが抵抗ラインに変わったということは役割が180度変わったということです。

つまり、今まで買い方の味方だったものが売り方の味方に豹変したということです。

まるで買い方に牙を剝く獣のような存在になったということなのです。

私たちは、いつでも支持帯を味方につけて売買をしたいものですね。

九十．ティックブレイクは逆襲の狼煙！

人は直近の高値あるいは安値をこれからできていくチャートにおいて価格を比較するポイントにします。

新しい価格はこの価格に比べて高いとか安いとかの判断に利用されます。

直近の高値あるいは安値が簡単にポイントとなるのは、単にチャート上で比べやすいからです。

たとえば直近高値とその前の高値のどちらを意識するでしょう?

ほとんどの人は直近高値を意識するでしょう。それ以前の高値にいたっては意識する人は非常に少なくなるのです。

これを直近傾向と呼びます。相場参加者は2つ前の高値や3つ前の高値より直近高値を重視するのです。

つまり、**直近の高値や安値をブレイクすると株価が大きく動く可能性が高くなる**のです。

しかし、ブレイクしてもティックブレイクではブレイク失敗と判断され、逆襲を受けることになります。

1ティックブレイクではブレイク失敗と思っておいたほうがよいでしょう。

2ティックブレイクで引き分け。

3ティックブレイクではじめてブレイク成功と言えるでしょう。

ティックブレイクは逆襲のサインだと覚えておくと有利にトレードをすることができます。

九十一・上昇は緩く、下落は早い！

「投資」として「株を買う」という行為はその会社の株券を入手するのは一時的なものであり、最終的な目標は株券をより高く売却し多くの金銭を入手することです。

有価証券を含めてあらゆる「モノ」と「金銭」を比べると「金銭」が上位に位置するのは当然だといえます。

つまり**「買う」という行為は、上位の価値を持つ「金銭」を下位の価値を持つ「モノ」と交換すること**です。

明らかに不利であるその行為をあえて行う理由は二つです。

●後に支払った額よりも多くの金銭を得られると考えている

●支払った金銭と同等、もしくはより多くの「満足」を得られると考えている。

後者はわかりやすいですね。

しかし、前者は「買う」と「売る」がセットになることによって完結します。

上位の価値を持つ「金銭」を下位の価値を持つ「有価証券」に換え、さらに下位の価値を持つ「有価証券」を上位の価値を持つ「金銭」に換えて完結するのです。

●「上位」を「下位」と交換する（買う）

●「下位」を「上位」と交換する（売る）

その2つであれば「上位」を入手することができる「売る」という行為を好みます。

「上位」を手放して「下位」を入手する「買う」という行為には大きな心理的抵抗が発生するのです。

このような視点から考えれば、「上昇と下落の動きは異なる」という結論が出るのも当然だといえます。

上昇と下落において動きが違うのには理由があったのです。

だから上昇は緩く、下落は早くなるのです。

九十二 不自然はチャンス!

不自然というと、ダイバージェンスなどをイメージするかもしれませんが、ここで言う不自然とは次のようなものです。

たとえば下落局面から上昇に転換するときは短い足から順番に転換していきます。

5分が上昇トレンドに転換 ↓ 15分が上昇トレンドに転換 ↓ 60分が上昇トレンドに転換 ↓日足が上昇トレンドに転換。

このように短い時間軸から転換していくのが自然です。

しかし、いつもこうはならないのです。

5分が上昇トレンドに転換 ↓ 15分が上昇トレンドに転換 ↓ 60分が下降トレンドのまま ↓ 5分が下降トレンドに転換

順番に転換しなければならないのに途中で短い足が逆行しました。こうなると不自然ですね。

また、上昇トレンド中の押し目で、支持線で止まったらその後は上昇するのが自然です。それが上昇しなかったとしたら、なにか変化があるということです。不自然ということです。他にも調整の後、トレンド方向に動き出したのに、すぐにまた調整に入ったりするのは自然ではないですね。

それは調整ではなく転換しようとしているのではないかと考えることができます。不自然です。

こうあるべきという動きを想定しておくと、変化に気づくことができ、対応することができるようになります。つまり、不自然に気づくことができると、それは利益を上げることのできるチャンスに気づくということなのです。

九十三、伸びて縮んでまた伸びる!

ゴムが伸びて縮んでまた伸びるように、相場も伸びて縮んでまた伸びるのです。

何が伸びたり縮んだりするのかというとチャートです。チャートに現れる移動平均線の帯です。

これを収斂拡散と言います。

収斂というのは、縮む、集約されるという意味で移動平均の帯が縮んできている状態です。

拡散というのは、広がる意味で、移動平均の帯が広がってきている状態です。

トレンドと反トレンドでいうと収斂は反トレンドの動きであり、拡散はトレンド方向の動きとなります。

ゴムやバネで例えるとわかりやすいですね。

伸びて縮んでを繰り返します。一度縮んだほうが大きく伸びますね。

相場も同じで**一度縮んだほうが次の伸びが大きくなる**のです。

しっかりと収斂したチャートでは、次の拡散が大きくなるので、利益を得るためには、しっかりと収斂するのを待つ必要があるということです。

九十四．動かぬ玉を長く持つな！

買い玉のロスカットは直近安値を割ったときと決めてエントリーをしたのだけれど、しばらく株価はヨコヨコを続けて動かない。そして動き出したときには自分のポジションとは逆の方向に動き出す。

トレーダーであれば全員が、このような体験をしたことがあると思います。

それを回避するためには通常のロスカットとは別に保有時間に関するルールを決めておくのです。

エントリーから一定時間が過ぎたら自動的に手仕舞いをするというルールを作るのです。

保有時間はメインに使う時間軸によって決まってきます。

個別銘柄の長期売買をする投資家の保有期間は数年におよぶのが普通でしょう。

中期投資の投資家は半年から1年の保有期間があるでしょう。

またデイトレでスキャルピングをするトレーダーは勝ちトレードの保有期間がわずか5分

から10分の人もいるでしょう。

つまり、**自分自身のトレードスタイルに合わせて保有期間を決めればよい**ということになります。

タイムストップを使うと、よりストレスのない売買ができるようになります。

動かない株価と付き合っていてもストレスが溜まるだけで利益は貯まりませんから（笑）。

動かない玉はさっさと処分しちゃいましょう。

九十五．ひとつのことに集中するな！

多くの人は小さな頃から親に「集中してやりなさい」と言われて育てられています。

「やるんだったらやっていることに集中してやりなさい」「ひとつのことを集中してやらないとろくな結果になりませんよ」なんて言われてきていますよね。子供がテレビゲームをやっているときに声をかけても聞こえないなんてことを経験している人もいるでしょう。

自分が何かに集中していると周りの声が聞こえないなんて経験もありますよね。集中していると周りが見えなくなるのです。集中というのは何かをするときには大切なことです。しかし、**集中することによって精神のとらわれを生む危険性**を持っています。人は何かにとらわれると他のものが目に入らなくなります。集中というのはそのようなとらわれた状態を作り出します。そしてそれが行き過ぎると**人から自由を奪います。**

トレードについても同じことです。今日は買いだけを考えていくのだから買いのシグナルを見落とさないようにしなければならないとチャートを睨み続けます。そうすると買いに関する情報しか見えなくなり売りの前兆がまったくわからなくなるのです。

集中というと、ひとつのものだけに意識が向かうものと思われていますが、複数のものに意識が向かう集中もあるのです。

それがとらわれない集中です。

野生の草食動物が川で水を飲んでいるところを想像してください。

その動物は水だけに集中しているわけではありませんね。水を飲みながらも背後にも神経を使っています。

いつ天敵が現れて自分のことを食べてしまうのかわからないのです。野生動物は本能で複数のものに集中することができるのです。

私たちもひとつのことに集中するのではなく複数のことに集中するようにすれば多くのものが見えるようになります。

トレードをするときにも多くのことに集中するようにすれば株価の動きの前兆を感じられるようになるのです。

九十六、値動きが最大の材料である！

大きなニュースが出て、材料が出たので株価が動きます。

一週間売られ続けて安くなりすぎたというニュースが流れて買いが入ります。テレビのニュースでも材料が出て株価が動いたと伝えます。

実は場中に材料が出て、それによって相場が動くというのは稀です。ほとんどの場合は、「価格の動き自体が材料となっている」のです。

たとえば、金曜の引けが1000円だった銘柄があるとしますね。

相場的にいえば、「参加者全員が納得した価格が1000円だった」ということになります。

しかし月曜日に900円で寄り付いたとしたら材料は何も出ていない、少なくとも公になっている材料はないのです。

この900円という株価については多くの考えがあります。

「1000円が適正だ。900円は安すぎるから買いたい」と考える人。

「900円はそれでも高い、800円が適正だと思われる。だから売りたい」と考える人。

「引かされていたのが、やっとトントンになった。もう疲れたから買い戻す。」

「この銘柄よりも良さそうな銘柄を発見した。これを売ってその銘柄に乗り換えよう。」

「疲れたからとりあえず手仕舞いしよう。」

多くの理由で取引をしようとする人がいるのです。

しかし、ここで考えなければならないことは、

「すべての参加者が価格の動きに反応している」

ということです。

「ニュースが最大の材料ではなく、値動きが最大の材料なのです。」

九十七. 男(女)も相場もギャップにやられる!

可愛い顔して夜は変貌する、そんな女に男は夢中になります。

普段は草食系に見えるがいざとなると頼りになる、そんな男に女は惚れます。

恋愛というものはギャップにやられてハマるのです。

相場では夜に大きく動いて、朝の寄り付きでギャップが起こります。

利益にできる部分がすべてギャップで持っていかれてしまうのです。

だからギャップでやられるのです。

しかし、現在はナイトセッションがあるので美味しい部分を夜にいただくことができるのですが……。

人生も相場も夜がお楽しみなのですね(笑)。

九十八．人生も相場も支持が運命を分ける！

人間とは人と人の間で生きているから人間だと言われます。

人は人との関係なしには生きていくことはできないのですね。

「自分はひとりで相場をやっていて、ひとりで暮らしているから誰とも関係を持たずに生きてるんだ」などと言う人がたまにいます。

しかし、そういう人でも必ず人と関係を持って生きているのです。

相場をやるためのパソコンは他人が作ってくれた物です。

毎日食べるご飯の材料である肉や魚や野菜も他人が育ててくれた物です。

この地球で生きている限り、必ず誰かと関わりを持って生きているのです。

そして、周りの人から応援、支持される人は人生の成功者となります。

成功している人は必ず周りの人から多くの応援を受け、支持されているのです。

相場でも支持が成功への道標になるのです。

相場では支持されるのはなく支持線でしっかり買える人が成功者になります。

面白いもので、株価というのは支持線で下げ止まることが多いのですね。これは直近偏向によるものなのです。

多くの人が支持線で止まるだろうと考えるから支持線が有効に機能するのです。

この支持線をしっかりと使うことのできるトレーダーが相場の世界では成功者になるのです。

人生においても相場においても、支持を味方につけていきたいですね。

九十九. 人生も相場も同じようなもの!

人生がうまくいっていない人は相場もうまくいかないと思います。

人生がうまくいっていない人は相場の世界でもうまくいかないのです。

嫁さんや彼女または、旦那さんや彼氏とケンカをしているときは相場では勝てません(笑)。

人間性を高めるということも相場で勝つためには必要なことだと思います。

人間性を高める上での重要な要素のひとつに「寛容さ」というものがあります。

寛容な人は、他人をとがめたりしない上に、自分と違う考え方の人を受け入れることができます。

そのために人間関係のストレスが少なく、人との交流を心から楽しむことができます。

結果として豊かな人間関係に恵まれることになるのです。

自分のポジションと違う方向に価格が動いたときに、

「自分の考えが正しいのだ。相場が間違っている」と考えるのか？

「自分の考え方はこうだけれど相場の動きは違うのでそれを受け入れよう」と考えるのか？

人生においても相場においても自分の主張を押し通して戦ってもよいことはなさそうですね。


戦わずに相場を味方にして楽しい相場人生を歩いて行きましょう。

百・○○○○○○○○○○○○！

あなたの心の中にある今の想いが最後のトレードルールです。

おわりに

百個目の楽しく生きるための言葉・トレードルールはあなた自身が創るものです。

もうすでに心の中になにかしらの言葉が生まれているはずです。

その想いを元に百個目は作るのではなく創るのです。

作成するのではなく創造してください。本書を読み終えて感じたこと思ったこと、これまでの相場人生で感じたこと、思ったこと、すべては見えない糸でつながっています。

その糸をつなげていき、あなただけの言葉を創ってください。

ここでできた「あなただけの言葉」はあなたの相場人生だけではなく、人生そのものに大きな影響を与えることになると思います。

その言葉を持って、楽しい人生を送り、楽しい相場人生を歩んでください。

本書の感想と共に、あなただけの言葉を私に教えていただけると嬉しいです。

下記サイトより、あなただけの格言を投稿してください。

あなたの創った、多くの方の心に響く言葉をブログ上で発表させていただきます。

この本のトレードルールは相場塾講師である、白石さん、福田さん、守下さんの協力により創られた言葉たちです。

三人の講師に感謝致します。有り難うございます。

ただ、本書では私たち講師のすべての想いをお伝えすることはできていません。

ご興味のある方は株式会社DREAM-CATCHERのホームページをご覧ください。

本書の感想も次のアドレスより投稿いただけます。

http://nk225.info/

私たち、相場塾の講師は全員が「幸せなお金持ち」です。

是非私たちと一緒に「幸せなお金持ち」の道を歩いて行きましょう。

最後までお読みいただき有り難うございます。

この本を読んでいただいたあなたといつの日か実際にお会いできることを楽しみにしてい

ます。

そして最後に、影で支えてくれた最愛のパートナーに感謝します。

「有り難う、しーちゃん。」

二〇一五年、秋深まる最高の季節を感じながら

ついてる仙人（金子　稔）

著者略歴

ついてる仙人

個人投資家から絶大な支持を得る「相場塾」を主宰。ブログでほぼ毎日トレンド分析を行い、日経225先物やFXの売買方針、売買タイミングなどの情報を発信している。テクニカル分析に定評がある。著書に『日経225先物　ストレスフリーデイトレ勝利の方程式［増補改訂版］』『幸せなお金持ちになるための　日経225先物　必勝トレード術』『FXストレスフリートレード術』（アールズ出版）などがある。

金子 稔

法政大学卒業後、大好きなバイクと過ごしたくてバイク屋に就職する。

28歳　独立し逆輸入車および中古車販売で業績を伸ばす。

38歳　難病の天疱瘡を患う

40歳　悪性リンパ腫を患い余命半年を告知される。

42歳　事業を譲りセミリタイア

44歳　スローライフを求め長野県に移住

株式会社DREAM-CATCHERで相場塾を開講

今に至る

ついてる仙人が大切にするトレードルール99 plus 1

2015年12月29日　初版第1刷発行

著　者　ついてる仙人

装　幀　中山銀士＋金子暁仁

発行者　森 弘毅

発行所　株式会社 アールズ出版

東京都文京区本郷1-33-6　ヘミニスIIビル　〒113-0033

TEL 03-5805-1781　FAX 03-5805-1780

http://www.rs-shuppan.co.jp

印刷・製本　中央精版印刷株式会社

ISBN978-4-86204-281-1 C0033